MW01698474

AHORA ESTAMOS
EN
LA GRACIA
NO BAJO LA LEY

POR :
ÁLVARO ROLÓN

Por:

Álvaro Rolón

Con la colaboración de:

Víctor J. Pérez
Amparo Jiménez A.
Mónica Rivera

Publicado por:
Ministerio Liberando al Cautivo, Inc.
P.O. Box 585548
Orlando, FL 32858-5548
Tel./Fax: 407-294-3949
E-mail: mliberandoalcautivo@msn.com
www.mliberandoalcautivo.org

EN LA GRACIA

Autor:
Álvaro Rolón

Publicado por:
Ministerio Liberando al Cautivo, Inc.
P.O. Box 585548
Orlando, FL 32858-5548

ISBN: 0-9779666-0-7

Diseño de Carátula: *Víctor Morales*, hijo

Impreso en Colombia, S.A.
Printed in Colombia, S.A.
Primera Impresión 2,000 Copias

CONTENIDO

Página

Página

DEDICATORIA

Dedico este trabajo a Jehová Dios, que permitió que su hijo se sacrificara para redimirnos del infierno y de la muerte.

A nuestro Señor Jesucristo, que por su amor y misericordia me llamó a sus caminos y me limpió.

Al Espíritu Santo por inspirarme y guiarme en este ministerio.

A mis hijos que con su amor y comprensión me han brindado aliento para continuar adelante, trabajando para nuestro Señor Jesucristo.

¡Amén!

Álvaro Rolón

IDENTIDAD DEL MINISTERIO

El *"Ministerio Liberando al Cautivo, Inc."*, es una organización cristiana sin fines de lucro. Creemos en la Trinidad, la Biblia como la Palabra de Dios, el bautismo en agua, en Espíritu Santo y fuego. Creemos en la manifestación del Espíritu Santo. Por su naturaleza, nuestro ministerio es interdenominacional, puesto que trabajamos para todos los hijos de Dios, en diferentes organizaciones cristianas.

Tema: La Gran Comisión, *"Id por todo el mundo y predicad el evangelio a toda criatura".* (Marcos 16:15)
Lema: "Cuando Testificas, Predicas."
Inspiración: Nuestro ministerio ha sido llamado e inspirado por nuestro Señor Jesucristo, a ser el canal a través del cual fluyan las maravillas y milagros, que a diario ocurren en el pueblo de Dios.
Objetivos:
A través de nuestra serie de libros de testimonios, nuestro ministerio desea lograr, los siguientes objetivos:

- Dar a conocer testimonios que podrían pasar desapercibidos, si no se utiliza este medio.
- Hacer consciente a todo cristiano de que todos tenemos un testimonio.
- Suavizar barreras interdenominacionales, dejando saber que Dios actúa en cualquier persona que le abre su corazón.
- Ayudar a algunos cristianos a liberarse de su timidez, para expresarse libremente.
- Lograr que los hermanos de una misma congregación puedan conocerse, y así conseguir una mejor interrelación.

- Ofrecer la oportunidad de escribir en la comodidad del hogar u otro lugar sin: la presión del tiempo, ni tener que estar frente a un público.
- Ser fuente de intercomunicación entre cristianos a través del mundo.
- Guiar a hermanos que tienen el llamado a predicar, por medio de su testimonio, para llevar a cabo su encomienda.
- Inmortalizar milagros y prodigios que podrían pasar desapercibidos.
- Impartir en el que testifica, un sentido de continuidad o perpetuidad, sabiendo que este tipo de libro nunca pierde actualidad, y su testimonio está ahí.
- Promover y estimular el respeto y el amor entre los seres humanos.
- Estimular la interacción y el amor entre hermanos con diferentes doctrinas y creencias.

RECONOCIMIENTOS

No es lo mismo caminar por senderos trillados,
que abrir nuevas brechas.

En este espacio deseo reconocer y expresar públicamente mi agradecimiento a algunas de las muchas personas que el Señor ha tocado para levantarme las manos en esta encomienda. Sin la cooperación, entusiasmo, dedicación, esfuerzos, y muchas otras actitudes positivas de las personas que mencionaré a continuación, hubiese sido muy difícil la producción o elaboración de este libro.

- *Amparo Jiménez*, por la trascripción, redacción y edición.
- *Víctor Javier Pérez,* mi yerno, mi mano derecha en todo lo referente al ministerio.
- *Héctor M. Morales,* miembro activo, consejero.
- *Mónica Rivera,* fiel cooperadora.
- *Ana Lymari Pérez,* joven activa, dinámica, evangelista, misionera en Puerto Rico.

PRÓLOGO

Antes y después de haber publicado el libro "Jehová Jireh", distribuí varias copias del libro entre algunos ministros. Les expliqué que el propósito para hacerlo, era recibir su opinión, especialmente sobre las partes que ellos no estuvieran de acuerdo. Los temas principales comentados en este libro, están relacionados con la mayordomía de las finanzas y la salvación eterna. En este libro presento dos tesis fundamentales: "Nuestro Señor Jesucristo cumplió la ley de Moisés en su totalidad, incluyendo el diezmo". La segunda tesis establece, "Cuando aceptamos a nuestro Señor Jesucristo como nuestro único y exclusivo Salvador, recibimos la salvación eterna por gracia".

Luego, al conversar con algunos de estos pastores, me he sentido sorprendido e impresionado por lo que me han comentado. Muchos me han dicho que están de acuerdo, especialmente sobre la tesis del diezmo. Digo que me han sorprendido e impresionado, porque pienso, "¿cómo es posible que si conocen la verdad, puedan continuar haciendo lo que entienden que es incorrecto? Aunque a través de la conversación con algunos, puedo percibir que sienten cierto tipo de preocupación, confiesan o se excusan diciendo que se han formado y crecido ministerialmente en esta doctrina e indirectamente dan a entender que seguirán en ella. Otros más astutos, que han leído el libro, han seguido la corriente, como decimos vulgarmente, arguyendo que es cierto que no tenemos que cumplir con la ley del diezmo. Digo que son más astutos, porque para seguir cobrando diezmos, han adoptado y adaptado una explicación confusa formulada hace bastante tiempo para justificar la requisición de diezmos. En este libro, "En La Gracia", encontrarás este tema comentado ampliamente. Igualmente aparecerá toda la información sobre la fecha, lugar, etc. en que se volvió a imponer la ley del diezmo.

Existe aún más desacuerdo entre ministros con relación a la salvación eterna. El desacuerdo no consiste en que ellos no entiendan y acepten que la salvación eterna la recibimos al aceptar a nuestro Señor Jesucristo como nuestro único y exclusivo Salvador. Se basa mayormente en que estos ministros piensan que si se predica este mensaje como lo expresa la tesis anterior, la gente puede pensar que pueden aceptar al Señor y luego continuar en una vida de pecado. Me comentaba un pastor que temía por las consecuencias que podría causar el predicar, "salvo, siempre, salvo". Le contesté que esto no puede suceder a alguien que acepta verdaderamente y de corazón a nuestro Señor. El que acepta al Señor de corazón, jamás va a pensar así. En caso contrario, es porque en realidad nunca ha aceptado al Señor en verdad. El que realmente acepta al Señor, es sellado en ese momento con el Espíritu Santo y ya es una nueva criatura. Sabemos que después de que la persona acepta al Señor, comienza a ocurrir una serie de procesos en esa persona, tales como santificación, regeneración, etc.

Puede llegar el momento en que esa persona que aceptó al Señor de corazón, se puede descuidar, caer y apartarse de sus caminos. En el antiguo testamento, el Espíritu de Dios se iba de esa persona. Ahora, en la dispensación de la gracia, una vez que hemos sido sellados, el Espíritu Santo no se va, pero se contrista. Esto significa que se inactiva. Está en la persona, pero como si estuviese a un lado, donde no se le escucha. Cuando la persona se encuentra en esa condición, pierde lo que yo llamo "salvación terrenal", que es la forma en que vamos a vivir en este mundo. Si aceptamos al Señor y vivimos de acuerdo con su Palabra, además de la salvación eterna, también disfrutaremos aquí en la tierra de todas las bendiciones que el Señor tiene para nosotros. Si por el contrario, nos descuidamos, caemos y nos apartamos de la voluntad del Señor, cortaremos esa comunicación, esa comunión que teníamos con Él. A esta condición es que me refiero al hablar de perder la "salvación terrenal", la cual volveremos a disfrutar desde el momento en que nos arrepintamos de corazón y pidamos perdón a Dios en el nombre de Jesucristo. Aunque volvamos a restablecer la comunión con el Señor y hayamos sido perdonados, esto no significa que no pagaremos las consecuencias del pecado al habernos apartado. A veces es muy difícil que nosotros mismos nos perdonemos por lo que hicimos y tampoco la gente nos perdonará fácilmente. Esa paz es la parte de la salvación terrenal que difícilmente recuperaremos. Recomiendo a ministros que temen predicar la verdad que ellos entienden sobre la salvación eterna por gracia, que analicen todo lo expuesto anteriormente. Amén.

CONCILIO DE IGLESIAS "LIBERANDO AL CAUTIVO"

Existen varias razones por las cuales se está organizando este concilio. Muchas personas llamadas por el Señor, van a una iglesia y le aceptan como su Salvador. Como están en el primer amor, se sienten muy contentos con todo lo que les dicen. Luego de algún tiempo, cuando comienzan a descender del monte, empiezan a sentir la presión económica y se disgustan. Son niños en Cristo, que se les ha comenzado a dar viandas, cuando todavía están para beber leche. Creo que la mayordomía de las finanzas es una de las más, si no la más dura de las viandas para el que comienza en la vida cristiana, y en muchas ocasiones también para el que lleva tiempo. Queremos que el neófito tenga una fe que quizás no tienen muchos que han pasado casi toda su vida en la iglesia. La fe viene por el oír, y el oír de la Palabra de Dios. Debemos dar espacio a los hermanos para que crezcan en la fe y sean tocados por el Señor en esta área.

Creemos en la predicación del Evangelio de nuestro Señor Jesucristo por gracia. Recuerda, *"dad por gracia, lo que por gracia has recibido"*. Si la iglesia está dirigida por el Espíritu Santo, nosotros los pastores debemos tener fe y esperar que sea Él, el que toque a las personas que han de aportar para el sostenimiento de la obra. Cuando los ministros no tenemos la fe de que "Jehová-Jireh" (Dios suplirá), comenzamos a usar nuestras propias estrategias. Dios permite que sigamos con estas estrategias y en muchas ocasiones, empujamos hacia el mundo a la gente que ha sido llamada por el Señor. Un día tendremos que dar cuentas al Señor por este proceder. Si tenemos fe y confiamos en el Señor, sólo tenemos que hacer nuestra parte, que es predicar el mensaje de Dios y Él se encargará del resto.

Las **"Iglesias Liberando al Cautivo"**, funcionarán por fe, en la confianza de que el Señor proveerá de alguna manera las finanzas necesarias para la obra. Se predicará sobre todo lo que los evangelios hablan con relación a la mayordomía de las finanzas, pero de la misma forma o con el mismo énfasis que se hablará de otros temas y no en forma especial. En la parte de atrás en el templo, tendremos una caja para que el "dador alegre", que haya sido tocado por el Señor, deposite voluntariamente lo que el Señor haya puesto en su corazón. No habrá algún momento especial para ofertorio, sino que quien desee ofrendar, puede hacerlo antes de comenzar o al terminar el servicio.

De esta manera, este concilio abre las puertas para todos, y de manera especial para las personas que no están de acuerdo con la forma en que algunas iglesias han ministrado el asunto financiero. Ahora la excusa del acoso económico, no podrá ser usada ante el Señor para no asistir a la iglesia.

Espero que estas iglesias sean de bendición al pueblo de Dios. Amén.

Si deseas expresar algún comentario, o comunicarte con nosotros, puedes hacerlo a:

Ministerio Liberando al Cautivo, Inc.
P.O. Box 585548
Orlando, FL 32858-5548
Tel./Fax: 407-294-3949
E-mail: mliberandoalcautivo@msn.com
www.mliberandoalcautivo.org

NO SOMOS CALVINISTAS

En algunos sectores religiosos, a quienes aceptamos la salvación como un regalo de Dios, como un don de la gracia divina, se nos quiere acusar de Calvinistas. Entendemos que recibimos nuestra salvación en el momento en que creemos y aceptamos a nuestro Señor Jesucristo como nuestro único y exclusivo Salvador. Creemos firmemente en que nuestra justificación y salvación es por "Gracia" y no por obras. Fuimos redimidos cuando nuestro Señor Jesucristo derramó su sangre santísima en la cruz del Calvario. Nuestra redención costó un precio muy grande que fue la sangre de nuestro Señor Jesucristo.

A diferencia de la doctrina Calvinista, nosotros no creemos en la predestinación; creemos en el libre albedrío. Toda persona tiene la oportunidad y la libertad de escoger el camino que seguirá. Una vez que hemos aceptado a nuestro Señor Jesucristo como nuestro único y exclusivo Salvador, recibimos la salvación (librados de...). Calvino dice que el que va a ser salvo, ya ha sido escogido por Dios, o sea que la persona no tiene opción alguna en el asunto. Nosotros creemos que una vez que hemos aceptado al Señor, somos salvos y no hay pecado que tenga poder para anular la salvación que el señor nos ha dado. Calvino no enfatiza sobre las consecuencias del pecado, pero nosotros sí. Cuando Calvino habla de salvación, sólo se refiere a salvación eterna. Nosotros hablamos de la salvación eterna que nos es otorgada gratuitamente cuando aceptamos a nuestro Señor Jesucristo, y que no perderemos. También hablamos de otra parte de la salvación, que se refiere a la salvación que vivimos aquí en la tierra, y que es la que disfrutamos cuando vivimos de acuerdo con la voluntad del Señor; de lo contrario, tendremos que sufrir **las consecuencias del pecado**. No estamos diciendo que todo lo negativo que nos sucede sea como consecuencia del pecado. Creemos que hay cosas que calificamos de malas o negativas, pero que en realidad son parte de la voluntad del Señor para nuestras vidas, con el fin de darnos la oportunidad de crecer espiritualmente.

Creo que hay personas que andan por el pueblo de Dios, queriendo atemorizar a los cristianos con relación a la pérdida de la salvación. Deseo aclarar que hay quienes creen con sinceridad que esto puede ser posible. En este escrito no me estoy refiriendo a esas personas sinceras. El propósito egoísta que percibo en esta enseñanza, es que una persona atemorizada es fácil de manipular. Muchos no se expresan claramente, y con su habilidad y astucia, mantienen al pueblo en duda y con miedo. Muy sutilmente inculcan al creyente, que pueden perder la salvación si no cumplen con lo que el Señor demanda. Esto no lo dicen así tan abiertamente, pero lo hacen de manera implícita. Cuando hablan de las cosas que el Señor demanda, en forma muy cuidadosa incluyen y enfatizan en diezmos y ofrendas, que en realidad es la finalidad de ellos. Cristo nos da la salvación como un regalo al aceptarle y existen "**ministros**" que a veces por ignorancia o a sabiendas quieren cobrar el precio; quieren eliminar la "Gracia" y volver a la ley para cobrar diezmos y ofrendas. Esta parte sobre diezmos y ofrendas, será tratada en otro de los capítulos de este libro.

Recuerdo aquellas películas terribles, donde se veía gente gritando y gimiendo en el infierno. Al finalizar la película, el "predicador" hacía un llamado amenazando a la gente para que aceptara al Señor y a los que ya lo habían aceptado, para que se arreglaran con Él. Está muy bien hacer los llamados, pero utilizar el miedo y la amenaza para que la gente acepte y le sirva al Señor, considero que no está de acuerdo con la voluntad de Dios. Quiero dejar claro que el concilio de las iglesias "Liberando al Cautivo", reconoce la existencia del infierno tal y como lo presenta la Biblia, pero predicamos que la decisión de llegar a los pies del Señor debe hacerse por amor y no influenciado por el miedo.

Para resumir, deseo dejar claramente establecido que nuestro concilio no está de acuerdo, ni acepta utilizar estrategia humana alguna, para ministrar la mayordomía económica. Pienso que esto no debe hacerse, especialmente cuando se trate de jugar con la salvación del cristiano. Hay cosas que las debemos dejar al Espíritu Santo, para que sea Él quien toque los corazones de la gente. Cuando nos adelantamos y echamos a un lado al Espíritu Santo, Él se contrista y nos deja trabajar con nuestras propias estrategias y fuerzas.

Que el Señor les bendiga y cualquier pregunta sobre todo lo expuesto en este libro, favor comunicarse con nosotros. Amén.

AL LECTOR

La Revelación Progresiva de Dios

Dios, Jehová, en su inmensa sabiduría eterna, nos ha ido revelando su perfecta voluntad en una forma progresiva. A través del tiempo, exegetas y grandes estudiosos de las sagradas escrituras, han tratado de explicar su contenido, su mensaje, de diferentes maneras. Creo que prácticamente todos entendemos y aceptamos los atributos eternos que Dios posee. Algunos de estos son: omnipotencia (Todopoderoso), omnipresencia (siempre presente), omnisciencia (que todo lo sabe), y otros. La voluntad de Dios ha sido revelada al hombre a través de la Biblia, en una forma sencilla, de tal manera que fuese entendida. Dios pone al hombre a prueba en el Edén, pero en realidad, Él sabía lo que ocurriría. Desde el principio, Jehová sabía todo lo que ocurriría con el hombre, y por tanto, Él ya había hecho provisión para la salvación del hombre.

> *"Y la adoraron todos los moradores de la tierra, cuyos nombres no estaban escritos en el libro de la vida, del cordero que <u>fue inmolado desde el principio del mundo</u>".* Apocalipsis 13:8

Existen varios versículos en la Biblia que han sido interpretados literalmente por algunos teólogos, llegando a la conclusión o doctrina de la "<u>predestinación</u>". Yo creo en el "<u>libre albedrío</u>" y entiendo que todos hemos tenido la oportunidad de escoger servirle a Dios, pero muchos han rechazado la oferta. Dios, en su omnisciencia, desde antes de crear al hombre, ha sabido quién le aceptará, y quién le rechazará. Repito que, no es que Dios predestinó a unos para salvación y a otros para condenación, sino que nosotros mismos hemos escogido.

A través de toda la Biblia podemos visualizar la forma tan sencilla y fácil de entender, que Dios relata su voluntad al hombre.

"Mas Jehová Dios llamó al hombre, y le dijo: ¿Dónde estás tú?" Génesis 3:9

Hermanos, ¿Cree usted que Jehová no sabía lo que había sucedido, y dónde estaban ellos? Creo que la respuesta general sería que Jehová sabía todo. Entonces, ¿por qué este relato tan sencillo, en forma tan elemental? Entiendo que Dios ha querido que todo ser humano pueda tener acceso al contenido bíblico, sin importar su capacidad intelectual.

Por su sencillez, las narraciones bíblicas aparentan decirnos que Dios no sabía que el hombre desobedecería en el Edén, y que luego a través de su existencia seguiría en desobediencia. En ocasiones encontramos algunas porciones bíblicas que asemejan la forma de actuar y pensar de Dios a la de un ser humano.

"Y se arrepintió Jehová de haber hecho hombre en la tierra, y le dolió en su corazón". Génesis 6:6

Hermanos, la Palabra de Dios está llena de citas bíblicas, donde usted puede encontrar este tipo de pensamientos y actuaciones puramente humanas, utilizadas por Dios para facilitar el entender su revelación progresiva a todo hombre.

En su ministerio, el Rev. Scofield, recopila y organiza información y trabajos realizados por otros teólogos, y agrega los suyos propios, sobre las diferentes etapas de la revelación de parte de Dios. Así pudo explicar en una forma clara y sencilla el mensaje del Señor sobre la salvación. El Dr. Scofield citó en una forma sencilla, y siguiendo el patrón humano que usó Dios, las diferentes etapas de la la revelación progresiva de la salvación a las cuales llamó, "Dispensaciones y Pactos".

En la Biblia encontramos varias citas que se refieren sólo a dos pactos. Cuando se habla sólo de dos pactos, se hace desde la perspectiva del "Pacto Abrahámico" del "Nuevo Pacto". En este caso, todos los demás pactos hechos por Jehová con el pueblo hebreo se incluyen en el Pacto Abrahámico, por cuanto tienen sus raíces en dicho pacto.

TU PRESENCIA

Cuando llegaste a mi vida,
Me llenaste de ilusiones,
Sanaste mi alma herida,
Me diste tus bendiciones.

Misericordia sin fronteras,
Felicidad que nunca perece,
Amor que trasciende el tiempo,
Promesa que permanece.

Tu gracia me ha dado poder,
Tu promesa salvación,
Tu sangre la vida eterna,
Y tu muerte redención.

Cuando el invierno me invade
Y aunque en tinieblas me encuentro,
Sé que estás aquí a mi lado,
Pues te siento aquí muy dentro.

Te viviré agradecido,
Mientras haya en mí conciencia,
Te alabaré a cada instante,
Y adoraré en tu presencia.

Por: Álvaro Rolón

CAPITULO I

LA RELACIÓN DE DIOS CON EL HOMBRE

El Origen

Dios creó las cosas necesarias para que el hombre viviera, y luego lo creó y lo puso al frente de todo. El hombre podía disfrutar de todo en el jardín del Edén, pero tenía que haber algo donde él probara su obediencia a Dios. Ese algo fue expresado en Génesis 2:16-17, donde Dios les dice que pueden comer de todo, excepto del árbol del conocimiento del bien y del mal. Dios creó al hombre a su imagen y semejanza, Él no creó robots. Desde principios, el hombre disfrutó de su libre albedrío, el cual le da libertad para escoger o seleccionar entre el bien y el mal. También el hombre fue dotado de una conciencia, que es la parte siempre activa del espíritu del hombre y que le ayudaría a diferenciar entre lo bueno y lo malo, entre lo correcto y lo incorrecto. Se nos dio voluntad propia para decidir hacia qué lado inclinarnos, hacia los deseos pecaminosos de la carne dirigidos por la concupiscencia, o hacia nuestro espíritu. A pesar de la influencia que ejerce el alma a través de los deseos pecaminosos de la carne, también el Señor nos dio la voluntad, la cual va por encima del alma, y aún de nuestro espíritu. Cuando aceptamos seguir una conducta desagradable a Dios, somos responsables por cuanto tenemos una voluntad propia para rechazar dicha conducta impropia y someternos al Espíritu. Adán y Eva desobedecieron el mandato de Dios, causando su muerte espiritual y la de toda la raza humana.

El Pecado de Caín

> *"Y aconteció andando el tiempo, que Caín trajo del fruto de la tierra <u>una ofrenda</u> a Jehová".* Génesis 4:3

Adán y Eva tuvieron dos hijos, Caín y Abel. "Caín trajo una ofrenda a Jehová". De la clase de ofrenda de Caín no se dice nada, fue como algo sin importancia. Sin embargo, al mencionar la ofrenda de Abel, se hace una descripción detallada y positiva. Jehová Dios mostró su complacencia; miró con agrado a Abel y a su ofrenda. Jehová le brindó a Caín la oportunidad de corregir lo que había hecho, pero no hubo arrepentimiento ni cambio alguno en él.

> *"Entonces Jehová dijo a Caín: ¿Por qué te has ensañado, y por qué ha decaído tu semblante? <u>Si bien hicieres, ¿no serás enaltecido?</u> y si no hicieres bien, el pecado está a la puerta; con todo esto, a ti será su deseo, y tú te enseñorearás de él".* Génesis 4:6-7

Aquí encontramos que Jehová exhorta a Caín a cambiar su actitud y le estimula a traerle la ofrenda requerida por el pecado. Por esta porción bíblica entiendo que Jehová es justo. Si Caín no hubiese sido instruido con anticipación sobre la ofrenda que Jehová esperaba, Él le hubiese orientado, en vez de reprenderle.

He escuchado dos versiones diferentes sobre el hecho de que Jehová no se agradó de la ofrenda de Caín. La primera, nos dice que la ofrenda que Caín llevó, consistió en algunos de los frutos de la tierra, pero no de lo mejor.

La segunda versión afirma o expone que, aunque no encontramos información escrita sobre el tipo de ofrenda que Jehová había demandado, ellos ya habían sido instruidos previamente acerca de los sacrificios. La descripción de la ofrenda requerida por Jehová la encontramos en Génesis 4:3-7, en Éxodo y otros libros de la Biblia. Jehová dice a Caín en Génesis 4:7ª, *"si bien hicieres, ¿no serás enaltecido?"* En esta cita, Jehová está afirmando implícitamente que Caín sabía cómo hacer el bien. Caín sabía lo que Jehová esperaba. La ofrenda para sacrificio tenía que ser un animal, primogénito, sano, de lo más gordo. Esa fue la ofrenda que llevó Abel. Abel tomó la Palabra de Dios en serio, por fe, creyendo, aceptando y ejecutando lo estipulado por Dios. A Caín no le importó la demanda de Jehová y llevó la ofrenda que él quiso, creyendo que se saldría con la suya.

Los que favorecen esta segunda versión, se basan o la sostienen con la descripción de la ofrenda que llevó Abel, la cual podemos encontrar luego en otros pasajes bíblicos. En Éxodo 13:2, Jehová pide que se le consagre todo primogénito, así de los hombres como de los animales. Esta petición u orden de Jehová se continúa repitiendo en diferentes partes del Antiguo Testamento (Éxodo 13:15, 34:19; Levítico 27:26, y otros).

Abel llevó a Jehová de los <u>primogénitos</u> de sus ovejas, de lo más <u>gordo</u> de ellas. En Isaías 1:11 Jehová menciona los sacrificios, los holocaustos de carneros y de sebo de animales <u>gordos</u>.

Sea la primera versión o la segunda, todos debemos entender que Jehová, nuestro Dios, se merece lo mejor. Catalogo de ignorancia y necedad no reconocer y no mantener al Señor como nuestra prioridad sobre todas las cosas. Jehová es el creador y dueño de todo lo que existe. Cuando Él nos reclama algo, en realidad no es que Él lo necesite, sino que esa es la forma de abrir las puertas para ser bendecidos. La mejor ofrenda que podemos dar al Señor ahora en la gracia, es un corazón contrito y humillado. Tenemos que ser un sacrificio vivo; reconocer en todo lugar que Jehová es Dios, que Jesucristo es el Señor y que el Espíritu Santo es nuestro consolador. Amén.

La Torre de Babel

En Génesis 11:4 encontramos la narración de uno de los primeros intentos del hombre para desafiar a Dios. El hombre trata de construir una torre, con el propósito de llegar a donde está Dios. Viendo Dios la maldad del hombre, les confunde las lenguas y son esparcidos por toda la tierra. Aquí podemos ver que no toda unidad es agradable a Dios. Depende del propósito de la formación de esta unidad. Aquí Dios desune al hombre, lo divide con la confusión de lenguas.

Dios sigue tratando con el pueblo judío a través de las diferentes dispensaciones. El hombre sigue fallando, pero Dios siempre le ofrece una nueva forma u oportunidad, a través de estas dispensaciones.

La Iglesia de Cristo

El misterio de las edades, el cual no se había revelado (aunque permanecía implícito en el Antiguo Testamento) [Romanos 16:24-27; Efesios 3:3, 6:19; Colosenses 1:26-4:3]), ahora nos es revelado en el período o en la dispensación de la gracia. De dos pueblos, los judíos y los gentiles, Dios hizo un solo pueblo (Efesios 2:14-18). Ahora el pueblo de Dios o iglesia de Cristo está y estará formada por todos los que acepten a nuestro Señor Jesucristo como su único y exclusivo Salvador. Este privilegio nos es brindado tanto a gentiles como a judíos. Actualmente estamos disfrutando de este paréntesis o período de gracia. Con este paréntesis me estoy refiriendo a la dispensación de la gracia, la cual comienza con la llegada al mundo de nuestro Señor Jesucristo y su ministerio, y se extenderá hasta el levantamiento de la iglesia, o sea el rapto.

La Dispensación de la Gracia

En los cuatro evangelios se encuentran los comienzos de esta dispensación. Ellos narran sobre lo ocurrido mientras Jesús estaba en la tierra ejerciendo su ministerio en carne y sangre. Luego, el libro de Los Hechos de los Apóstoles, nos narran lo que ocurrió luego de la crucifixión y muerte de Jesús en el Calvario. Nos habla sobre los eventos y apariciones de nuestro Señor Jesucristo ya resucitado. Luego encontramos las diferentes Epístolas o cartas dirigidas a varias congregaciones o a personas en particular. Al final tenemos el libro de Apocalipsis o Revelaciones, que nos habla de la escatología, es decir, de los eventos que están por venir en un futuro, el cual ahora está muy cercano.

El Desarrollo de la Iglesia Cristiana

El mensaje profético en Apocalipsis a las siete iglesias, se refiere a los eventos que acontecerían durante el desarrollo general de la Iglesia Cristiana. Para mí la iglesia cristiana comienza el día de Pentecostés. Encontramos que en los primeros trescientos años de la iglesia, esta se había mantenido dejándose regir por una doctrina bíblica evangélica, basada en los evangelios y en las cartas o Epístolas. A pesar de luchas, problemas, fracasos, etc., podríamos decir que la iglesia se mantenía fiel a las enseñanzas del evangelio de nuestro Señor Jesucristo.

Luego de estos trescientos años, dejándose llevar por la astucia de los romanos, la iglesia comenzó a comprometerse con el mundo y con otros grupos religiosos. Satanás cambió su táctica y ahora le permitía a la iglesia cristiana crecer y ser la iglesia oficial del imperio romano; teniendo que hacer grandes cambios para poder anexarse a otros grupos religiosos. Nos estamos refiriendo a la Iglesia de Pérgamo. Ahora la iglesia no era perseguida ni atacada desde afuera, sino desde adentro. Los romanos la habían adoptado como oficial. Todos esos cambios que permitían y adoptaban prácticas paganas, como una lepra iban destruyendo muchos de los principios y doctrinas cristianos.

Ario introduce su doctrina ariana, la cual niega la deidad de Jesucristo y su preexistencia, tratando de reducirle a criatura y argumentando que Cristo era el Arcángel Miguel. En el año 325 D.C. se reunió en Nicea un grupo de obispos y se formó lo que conocemos como Concilio de Nicea. En este concilio se realizaron grandes y acalorados debates, con el propósito de afirmar la deidad de Jesucristo, y en contra de la doctrina ariana. Ahí se formalizó "El Credo Niceno", el cual es un resumen de la teología o doctrina de la iglesia cristiana en general. A pesar de todos estos esfuerzos por aclarar el asunto a los que habían sido influenciados por la aparición de esta falsa doctrina, esta herejía continuó en algunos grupos. Esto continúa hasta el día de hoy, mantenida por los llamados "Testigos de Jehová".

El Credo Niceno tuvo como base fundamental el antiguo credo de los Apóstoles, el cual originalmente era más sencillo que el que se presenta a continuación. Al pasar el tiempo, a aquel credo sencillo se le fueron añadiendo algunos otros detalles en diferentes sínodos de la iglesia.

El número que precede a cada verso del Credo Niceno, tiene como propósito identificar o señalar algunas de las porciones escriturales que sostienen o que originan dicho postulado o aseveración.

El Credo Niceno

"[1]Yo creo en Dios Padre Todopoderoso,
[2]Creador del cielo y de la tierra,
[3]En Jesucristo, su único hijo, nuestro Señor,
[4]Que fue concebido por obra y gracia del Espíritu Santo,
[5]Que nació de Santa María Virgen,
[6]bajo el poder de Poncio Pilatos.
[7]Que fue crucificado, muerto y sepultado;
[8]Que descendió al infierno
[9]y al tercer día resucitó de entre los muertos.

[10]Subió a los cielos
y está sentado a la diestra de Dios Todopoderoso;
[11]Que desde allí ha de venir a juzgar
a los vivos y a los muertos.
[12]Yo creo en el Espíritu Santo,
[13]en la Santa Madre Iglesia Católica.
[14]La comunión de los Santos,
[15]El perdón de los pecados,
[16]La resurrección de la carne,
[17]Y la vida perdurable. Amén."

1 - *"Vosotros pues oraréis así: Padre nuestro que estás en los cielos, santificado sea tu nombre".* San Mateo 6:9
  - *"Yo soy el Dios Todopoderoso; anda delante de mí y sé perfecto".* Génesis 17:1[b]

2 - *"En el principio creó Dios los cielos y la tierra."* Génesis 1:1

3 - *"Porque de tal manera amó Dios al mundo, que ha dado a su Hijo unigénito, para que todo aquel que en él cree, no se pierda, mas tenga vida eterna".* San Juan 3:16
  - *"que os ha nacido hoy, en la ciudad de David, un Salvador, que es CRISTO el Señor".* San Lucas 2:11 (otros: San Juan 6:68, etc.)

4 y 5 - *"El nacimiento de Jesucristo fue así: Estando desposada María su madre con José, antes que se juntasen, se halló que había concebido del Espíritu Santo."* San Mateo 1:18

6 - *"Y le llevaron atado, y le entregaron a Poncio Pilato, el gobernador".* San Mateo 27:2

7 - *"Cuando le hubieron crucificado, repartieron entre sí sus vestidos,..."* San Marcos 15:24
  - *"Mas Jesús, dando una gran voz, expiró".* San Marcos 15:37
  - *"E informado por el centurión, dio el cuerpo a José, el cual compró una sábana, y quitándolo, lo envolvió en*

la sábana, y lo puso en un sepulcro que esta cavado en una peña, e hizo rodar una piedra a la entrada del sepulcro". San Marcos 15:45-46

8 - *"Y eso de que subió, ¿qué es, sino que también había descendido primero a las partes más bajas de la tierra?"* Efesios 4:9

Nota: Se han formulado diferentes interpretaciones con relación a esta porción bíblica. De acuerdo con lo establecido por el Credo Niceno, estas partes más bajas de la tierra se refieren al infierno. En el versículo 8, la cautividad es entendida por algunos teólogos como el Seno de Abraham.

9 - *"Porque como estuvo Jonás en el vientre del gran pez tres días y tres noches, así estará el Hijo del Hombre en el corazón de la tierra tres días y tres noches".* San Mateo 12:40

- *"Y con gran poder los apóstoles daban testimonio de la resurrección del Señor Jesús, y abundante gracia era sobre todos ellos".* Hechos 4:33.

Ver: San Mateo 27:52-53, 26:22-23, 28:5-6ª; 1Pedro 1:3, etc.

10- *"Jesús le dijo: No me toques, porque aún no he subido a mi Padre; mas ve a mis hermanos, y diles: Subo a mi Padre y a vuestro Padre, a mi Dios y a vuestro Dios".* San Juan 20:17

- *"Y el Señor, después que les habló, fue recibido arriba en el cielo, y se sentó a la diestra de Dios".* San Marcos 16:19

Ver: San Mateo 26:64; San Marcos 12:36, 14:62; San Lucas 22:69, 24:50-53; Hechos 7:55-56; Romanos 8:34; Efesios 4:8-10; Colosenses 3:1; Hebreos 1:3, 8:1, 10:12, 12:2; 1 Pedro 3:22, etc.

11- *"Porque el Padre a nadie juzga, sino que todo el juicio dio al Hijo".* San Juan 5:22

- *"Y se airaron las naciones, y tu ira ha venido, y el tiempo de juzgar a los muertos, y de dar el galardón a tus siervos los profetas, a los santos, y a los que temen tu nombre, a los pequeños y a los grandes, y de destruir a los que destruyen la tierra".* Apocalipsis 11:18

Ver: San Marcos 13:26; San Lucas 12:35-40; Hechos 1:9-11; Hebreos 9:6, 8:24, 10:14; Apocalipsis 1:7, etc.

12- *"Mas el Consolador, el Espíritu Santo, a quien el Padre enviará en mi nombre, él os enseñará todas las cosas, y os recordará todo lo que yo os he dicho".* San Juan 14:26

13- *"Y yo también te digo, que tú eres Pedro, y sobre esta roca edificaré mi iglesia".* San Mateo 16:18[a]

Nota: La roca a la cual se refiere nuestro Señor Jesucristo, no es a la persona de Pedro, sino a la revelación que recibió Pedro. *"Tú eres el Cristo, el Hijo del Dios viviente".* San Mateo 16:16[b]

- *"Y el Señor añadía cada día a la iglesia los que habían de ser salvos".* Hechos 2:47[b]

Nota: Cuando en el Credo Niceno se habla de la iglesia católica, se refiere a la iglesia universal, no a la iglesia católica romana denominacional.

14- *"Y perseveraban en la doctrina de los apóstoles, en la comunión unos con otros, en el partimiento del pan y en las oraciones".* Hechos 2:42

- *"pero si andamos en luz, como Él está en luz, tenemos comunión unos con otros, y la sangre de Jesucristo su Hijo nos limpia de todo pecado".* 1 Juan 1:7

15- *"en quien tenemos redención por su sangre, el perdón de pecados según las riquezas de su gracia".* Efesios 1:7

Ver: San Marcos 1:4; San Lucas 1:77, 3:3, 24:47, Hechos 2:38, 10:43, 13:38, 26:18; Colosenses 1:14, etc.

16- *"Porque el Señor mismo con voz de mando, con voz de arcángel, y con trompeta de Dios, descenderá del cielo; y los muertos en Cristo resucitarán primero".* Tesalonicenses 4:16

Ver: San Lucas 14:14; San Juan 5:29; 1 Corintios 15:13; Hebreos 11:35; Apocalipsis 20:5-6, etc.

17- *"y nos has hecho para nuestro Dios reyes y sacerdotes, y reinaremos sobre la tierra".* Apocalipsis 5:10

- *"No habrá allí más noche; y no tienen necesidad de luz de lámpara, ni de luz de sol, porque Dios el Señor les iluminará; y reinarán por los siglos de los siglos".* Apocalipsis 22:5

Cada parte o versículo de este credo tiene sus bases bíblicas (señaladas anteriormente). Este credo comienza estableciendo la creencia en un Dios Padre (Jehová). Luego se mencionan algunos de sus atributos, tales como Todopoderoso, el que creó los cielos y la tierra. Entonces se continúa con la segunda persona de la Trinidad, que es nuestro Señor Jesucristo, su único Hijo.

Nota: Creo que en este "Credo Niceno" faltó señalar algunos postulados muy importantes. No se establece claramente que Jesús murió para redimir del pecado, es decir, para darnos salvación. Tampoco menciona que, Cristo sentado a la diestra del Padre intercede por nosotros como nuestro sumo sacerdote.

Este "Credo Niceno" fue formulado y establecido para tratar de detener la gran ola de falsas doctrinas que estaban surgiendo.

Además de la doctrina ariana mencionada al comienzo del tema: **"El desarrollo de la iglesia cristiana"**, también fueron introducidas muchas otras herejías en la iglesia de Jesucristo. La adoración de ángeles en el año 375 D.C., la misa en el 394 D.C., la adoración a María en el 431 D.C., y otras.

La Doctrina de los Nicolaítas

En el año 500 D.C. surge una de estas herejías, pero es necesario discutirla un poco más profundo por el gran daño que hizo, y aún hoy día continúa haciendo. Esta herejía se conoció como, "La doctrina de los nicolaítas", la cual divide la iglesia, separando los sacerdotes o el clero, de los laicos como dos clases diferentes con estratificación y jerarquía. En las enseñanzas de nuestro Señor Jesucristo no encontramos estas divisiones. Dividieron el Cuerpo de Cristo. Desde los comienzos de la iglesia, se nos había enseñado que entre el pueblo cristiano teníamos que hablar la verdad con amor y sinceridad los unos con los otros. Todos participaríamos como miembros de un solo cuerpo. Esta doctrina separa a sacerdotes cuya palabra sería infalible; ellos se catalogaban como más santos, perfectos y más grandes, es decir, una clase aparte. Los laicos tendrían menor valor y poder que los sacerdotes.

Advertencia

Hago este paréntesis para alertar a algunos ministros que aún hoy día, sin saberlo, están sosteniendo y practicando la doctrina de los nicolaítas. Me estoy refiriendo a los que por ser ministros, se consideran intocables y reclaman su infalibilidad. Les escucho reclamar que a ellos no los juzga nadie, sino el Señor. Para mí, están dividiendo el cuerpo de Cristo, reclamando superioridad e infalibilidad. En la iglesia del Señor, en la dispensación de "la gracia" no encontramos esa superioridad o grandeza que reclaman algunos, debido al ministerio que ejercen o a la posición que ocupan. Podemos describir esta postura como una de índole herética por estar en contra de las enseñanzas de nuestro Señor Jesucristo y de su evangelio. En Apocalipsis 1:5^{b}-6^{a}, dice:

> *"Nos amó y nos lavó de nuestros pecados con su sangre, y nos hizo reyes y sacerdotes para Dios, su Padre".*

Esta escritura nos revela que estas bendiciones fueron y son para todos los cristianos en general. Todos los cristianos somos amados por nuestro Señor Jesucristo; nos lavó de nuestros pecados con su sangre, y a todos nos hizo reyes y sacerdotes para Dios, su Padre. Hermanos, no importa el ministerio al cual hayamos sido llamados, todos somos parte del cuerpo de Cristo, con igual valor ante el Señor. Él no separa los miembros de su cuerpo en superiores e inferiores. Los nicolaítas hicieron esta separación y hoy día, los ministros que desean ser considerados superiores a los otros miembros del cuerpo de Cristo, continúan endosando esta herejía.

Otras Herejías

En el año 526 D.C. se introduce la práctica de "extremaunción", que se realizaba a personas que ya estaban a punto de morir. En el 593 D.C., "el purgatorio", que era un lugar intermedio entre la tierra y el cielo. La persona que moría, tenía que purgar sus pecados en este lugar antes de ir al cielo. Con rezos, velas, velorios, misas y la intervención de sacerdotes, se podría salir de ese purgatorio e ir al cielo. Desde luego que todo esto tendría un costo monetario para la familia del muerto, el cual iría a las arcas de la iglesia. El hombre, guiado por sus ambiciones, siempre está inventando algo para quitar las posesiones de otros. Una de las formas que utilizan los religiosos para quitar el dinero a los creyentes, es tocando las partes sentimentales y emocionales de las personas, con herejías y otras mentiras. Estas prácticas siempre se continúan ejerciendo de una u otra forma, inclusive en la iglesia evangélica de hoy día.

Otra herejía tuvo su comienzo en el año 585 D.C., la cual se sigue practicando hasta el día de hoy. En un sínodo franco celebrado en Macon, los diezmos fueron exigidos y establecidos legalmente. Años más tarde Carlomagno les dio plena sanción legal. ("Historia de la

Iglesia Cristiana", Williston Walker. Casa Nazarena de Publicaciones. Pág. 208).

Jesús, el Mesías

> *"Y he aquí vino un leproso y se postró ante Él, diciendo: Señor, si quieres, puedes limpiarme. Jesús extendió la mano y le tocó, diciendo: Quiero; sé limpio. Y al instante su lepra desapareció. Entonces Jesús le dijo: Mira, no lo digas a nadie; sino ve, muéstrate al sacerdote, y presenta la ofrenda que ordenó Moisés, para testimonio a ellos".*
> San Mateo 8:2-4

Creo que muchos judaizantes, los cuales promueven la observancia de la ley de Moisés en la dispensación de la gracia, podrían señalar esta porción bíblica para tratar de sostener sus postulados. Posiblemente dirán: "Aquí Jesús mismo esta enviando al sanado de lepra a seguir cumpliendo con la ley de Moisés, como era la costumbre y el deber entre los judíos".

El que le ha sido quitado el velo y por tanto puede discernir mas allá por el poder del Espíritu Santo, hará un señalamiento muy diferente. Aquí podemos ver que en este tiempo en que Jesús hace este milagro y muchos otros, se estaba produciendo un cambio; estaba en proceso una transición de la ley a la gracia. No debemos olvidar que durante el ministerio de nuestro Señor Jesucristo, todavía estaba en vigencia la ley de Moisés. Esa ley es cumplida en su totalidad cuando nuestro Señor muere en la cruz del Calvario. Entonces es cuando comienza la dispensación de la gracia en su totalidad. Esta es una de las razones por las cuales Jesús lo envía a cumplir con la ley de Moisés. La acción del sanado de lepra, de presentarse con su ofrenda al sacerdote, sería de gran impacto para este sacerdote y los que con él ministraban. Ellos sabían que la lepra era una enfermedad incurable y serían muchas las preguntas que le harían a este ex-leproso. El ex-leproso, al igual que el ciego de San Juan 9:1-41, tendrían que contestar un sinnúmero de preguntas. Este ex-leproso tendría que narrarles con lujo de detalles, quién lo sanó y cómo.

Entiendo que el propósito principal de Jesús al enviarlo a presentarse al sacerdote, fue despertar la curiosidad en los fariseos sobre su persona y ministerio. Muchos creyeron y aceptaron a Jesús por todos los milagros y maravillas que hacía. También hubo muchos escribas y fariseos que aunque no negaron la realidad de estos milagros, no aceptaron que eran de parte de Jehová. En San Mateo 12:24 encontramos que ellos atribuían los poderes de nuestro Señor Jesucristo a Beelzebú.

> *"Mas los fariseos, al oírlo, decían: Este no echa fuera los demonios sino por Beelzebú, príncipe de los demonios".* San Mateo 12:24

> *"Por tanto os digo: Todo pecado y blasfemia será perdonado a los hombres; mas la blasfemia contra el Espíritu no les será perdonada".* San Mateo 12:31

Esta última cita bíblica es el veredicto emitido por nuestro Señor Jesús para aquellos escribas y fariseos que estando conscientes, siendo testigos visuales de todos aquellos milagros, los atribuyeron a los poderes satánicos.

Al igual que en aquel tiempo, hoy día nuestro Señor Jesucristo continúa perdonando pecados, bendiciendo, sanando, etc. Él te está llamando para que le des tu vida. Si ya lo has hecho pero estás apartado, Él te llama a reconciliarte. Si le aceptaste, pero te sientes frío, necesitado de una mayor comunión con Él, Él te llama a buscar más y más de Él y te bendecirá con bendición del cielo. Amén.

CAPITULO II

EL QUE QUITARE DE LAS PALABRAS...

"Y si alguno quitare de las palabras del libro de esta profecía, Dios quitará su parte del libro de la vida, y de la santa ciudad y de las cosas que están escritas en este libro". Apocalipsis 22:19

Como comenté anteriormente en el libro **"Jehová-Jireh"**, la Palabra de Dios no se contradice. Tenemos que analizar cualquier porción de la Palabra dentro de su contexto inmediato o en algunos casos en el contexto de la Biblia en general. En otros escritos he señalado ejemplos de partes de la Palabra, que si las tomamos aisladamente de diferentes partes de la Biblia, habrá una aparente contradicción. Señalaré uno de estos ejemplos que se encuentra en San Mateo 21:22, *"y todo lo que pidiereis en oración, creyendo, lo recibiréis"*. San Marcos 11:24; San Juan 14:13, 15:7, 16:23, 16:26, se expresan de igual manera que en San Mateo 21:22. Sin embargo, Santiago 4:3 nos dice, *"Pedís, y no recibís, porque pedís mal, para gastar en vuestros deleites"*. Primera de Juan 5:14 dice, *"Y esta es la confianza que tenemos en Él, que si pedimos alguna cosa conforme a su voluntad, Él nos oye"*. Lo que he querido señalar aquí es el hecho de que en los primeros versículos que cité, no encontramos requisito alguno para recibir nuestra petición. En muchos mensajes predicados he escuchado enfatizar el hecho de que recibiremos todo lo que pidamos y no mencionan restricción alguna. Sigo señalando que esta forma de enseñar, sin hacer un estudio profundo y completo del tema o asunto tratado, es una irresponsabilidad. En las dos últimas citas bíblicas encontramos que hay límites o condiciones para recibir las peticiones que hacemos al Señor.

La razón por la cual he hecho el señalamiento del ejemplo anterior, es con el propósito de ayudar en el comentario de la escritura de Apocalipsis 22:19, la cual no debemos tomar aisladamente del resto de la Biblia. Son muchas las porciones de las escrituras que nos afirman que una vez que recibimos a nuestro Señor Jesucristo como nuestro único y exclusivo Salvador, recibimos la Salvación Eterna. En el libro **"Jehová-Jireh"** he comentado la mayoría de las escrituras que mantienen a algunas personas dudando sobre si pueden perder la Salvación Eterna que recibieron al aceptar al Señor. También comenté sobre lo que he llamado la Salvación Terrenal o salvación que podemos disfrutar mientras estamos en este mundo, si nos mantenemos en obediencia a la Palabra de Dios.

La Amonestación

En Apocalipsis 22:19 se encuentra una severísima amonestación para el que le quite a la profecía del libro del Apocalipsis. Aquí Juan dice que el Señor quitará su parte del libro de la vida, etc., al que quite de las palabras del libro de esta profecía.

Aunque esta amonestación se encuentra al final del libro de Apocalipsis, en otros lugares de la Biblia encontramos otras citas paralelas o análogas, como son: Deuteronomio 4:2, 5:22, 12:32; Josué 1:7; Isaías 8:20; Proverbios 30:6; San Juan 10:35; San Mateo 15:6.

En el libro "El Apocalipsis", Carlos R. Erdman comenta sobre la amonestación vigorosa contenida en Apocalipsis 22:19. Parte de su comentario dice:

"Esta amonestación vigorosa debe referirse a toda perversión y deformación voluntaria de las grandes verdades que el Apocalipsis contiene. Uno no puede, sin embargo, dejar de hallar en ella una cierta advertencia implícita dirigida a todos los que, aunque con sinceridad, tratan de exponer su significado y de interpretar sus

misteriosos símbolos. Debe descartarse todo dogmatismo, toda insinuación hiriente contra los que discrepan, y toda presunción confiada de infalibilidad y omnisciencia. Gran parte del libro probablemente no se entenderá nunca del todo hasta que llegue la era venidera. El libro no debe dejarse de lado; pero tienen responsabilidad grave los que tratan de enseñar las verdades preciosas e inspiradas que contiene. Aunque sinceros, los que permiten que el libro se convierta en fuente de fantasías desenfrenadas o en fundamento de disputas y controversias amargas, no están libres de culpa grave. "En parte conocemos, y en parte profetizamos". Sin embargo, no sabemos". (El Apocalipsis. Carlos R. Erdman).

En su comentario, el Señor Erdman se refiere a la perversión y deformación voluntaria de las grandes verdades que contiene el Apocalipsis. Creo que la persona que ha recibido verdaderamente a nuestro Señor Jesucristo en su corazón, ha sido sellada con el Espíritu Santo (Efesios 1:13-14). No creo que esta persona pueda llegar a efectuar o a fomentar la perversión y deformación del Apocalipsis. La persona que ha aceptado verdaderamente, de corazón, a nuestro Señor, tiene temor o respeto en cuanto a las cosas sagradas y más en este caso, donde está claramente establecida cuál será la sentencia del violador. En esta cita bíblica se hace una advertencia, pero no dice que alguien que recibió al Señor, haya cometido la falta. Asistir a una iglesia cristiana y llamarse cristiano no implica que la persona realmente lo sea.

La Conversión Dudosa

En Gálatas 4:8-11 vemos como Pablo duda de la conversión genuina de aquellos judíos. Ellos creían estar viviendo el evangelio, pero también guardaban celosamente la ley. Pablo dice sobre este particular:

"Ciertamente, en otro tiempo, no conociendo a Dios, servíais a los que por naturaleza no son dioses; mas ahora, conociendo a Dios, o más bien, siendo conocidos por Dios, ¿Cómo es que os volvéis de nuevo a los débiles y pobres rudimentos, a los cuales os queréis volver a esclavizar? Guardáis los días, los meses, los tiempos y los años. Me temo de vosotros, que haya trabajado en vano con vosotros". Gálatas 4:8-11.

Al señalar Gálatas 4:8-11, me propongo presentar un ejemplo de personas que creen haber aceptado al Señor verdaderamente, pero en realidad no lo han hecho. Entiendo que un convertido al cristianismo jamás se atreverá a quitarle nada al Apocalipsis. O sea que el mero hecho de asistir a una iglesia cristiana, no nos asegura ser verdaderos cristianos. El ser cristiano envuelve o requiere mucho más. La salvación eterna es gratuita para nosotros, Jesucristo pagó el precio. Otra cosa es vivir la vida cristiana conforme a lo establecido por Dios.

En el "Nuevo Comentario Bíblico" de la Casa Bautista de Publicaciones, encontramos el siguiente comentario sobre Apocalipsis 22:19.

"Juan ha sido muy severamente juzgado por concluir su profecía con estas palabras. Sin embargo, era costumbre en los escritores antiguos que protegieran sus obras contra la mutilación y la interpolación, agregando un anatema de este tipo. La preocupación de Juan era impedir que su mensaje fuera pervertido por medio de agregados o sustracciones. Se ve la misma preocupación en Deuteronomio 4:2. La llamada "Fórmula de Canonización", en este pasaje de Deuteronomio –"no agregar ni quitar–" ha sido rastreada en Egipto hasta el año 2450 A.C. En lugar de su habitual maldición, Juan advierte sobre el juicio y la pérdida del reino de Dios".

(Beasley-Murray, George R., et al. *Comentario Bíblico: Siglo Veintiuno*,1999).

La "Biblia del Diario Vivir" comenta:

"Esta advertencia es para quienes intencionalmente tergiversan el mensaje de este libro. Moisés hizo una advertencia similar en Deuteronomio 4:1-4. Nosotros también debemos usar la Biblia con cuidado y gran respeto, de modo que no tergiversemos su mensaje, ni siquiera sin intención. Debemos estar dispuestos a poner en práctica sus principios en nuestra vida. Ninguna explicación ni interpretación humana de la Palabra de Dios debe estar por encima de la autoridad del texto mismo". (Biblia del Diario Vivir. Editorial Caribe).

En la parte titulada "El Canon", se puede entender mejor la razón que llevó a Juan a pronunciar tal advertencia en Apocalipsis 22:19. Aunque no es costumbre llevar a las congregaciones ciertos temas teológicos catalogados como materia de seminario, en este caso me ha sido necesario hacerlo, con el fin de poder explicar por qué Juan hace esta severa advertencia en este versículo, que puede confundir y guiar a los que no escudriñan, a pensar que se puede perder la salvación eterna.

El Canon

El Canon fue la regla o norma con que se juzgaron las escrituras, para determinar si se aceptaban como inspiradas por Dios o no. Cuando se comenzó a trabajar en la canonización (organización o formación) del Nuevo Testamento, hacía muchos años había sido cerrado ya el canon del Antiguo Testamento. Fue una labor muy ardua y complicada organizar el canon del Nuevo Testamento. Fue difícil porque cada vez aparecían más y más escritos, y sus autores alegaban que eran inspirados por Dios. Tal situación forzó a los que trabajaban en la canonización a establecer reglas (canon) para poder escoger entre los tantos escritos, cuáles se aceptarían y cuáles no. Guiados por el Espíritu Santo, establecieron que sólo se aceptarían escritos hechos por los apóstoles, es decir, los que estuvieron en persona junto a Jesucristo. Surgió un gran problema, San Pablo no estuvo en persona junto a Jesucristo. Como conocían el valor de las epístolas de Pablo añadieron una cláusula que decía que se podrían aceptar escritos de "hombres apostólicos". Esto significa que aunque alguien no estuvo en persona junto al Señor, si se había relacionado muy estrechamente con los apóstoles. De esa manera fue que los escritos de Pablo fueron aceptados.

Cuando los otros escritores que no eran apóstoles, ni reconocidos como hombres apostólicos vieron que era imposible agregar sus escritos usando sus propios nombres, comenzaron a usar otras estrategias. Firmaban sus escritos con el nombre de alguno de los apóstoles. Cuando les era posible y se relacionaban con algún escrito genuino, trataban de cambiar lo que ellos consideraban erróneo; trataban de eliminarle partes y otras veces de agregarles o añadirles.

Fue por esta razón que los escritores de las diferentes partes de la Biblia, al final o en alguna parte, pronunciaron anatemas o maldiciones contra los que añadan o quiten a su escrito. Como ejemplos de lo dicho anteriormente, podemos encontrar estas maldiciones o advertencias en varios libros, tanto del Antiguo como del Nuevo Testamento.

Deuteronomio 4:2, *"No añadiréis a la palabra que yo os mando, ni disminuiréis de ella, para que guardéis los mandamientos de Jehová vuestro Dios que yo os ordeno"*.

Deuteronomio 5:22, *"Estas palabras habló Jehová a toda vuestra congregación en el monte, de en medio del fuego, de la nube y de la oscuridad, a gran voz; y no añadió más. Y las escribió en dos tablas de piedra, las cuales me dio a mí".*

Deuteronomio 12:32, *"Cuidarás de hacer todo lo que yo te mando; no añadirás a ello, ni de ello quitarás".*

Josué 1:7, *"Solamente esfuérzate y sé muy valiente, para cuidar de hacer conforme a toda la ley que mi siervo Moisés te mandó; no te apartes de ella ni a diestra ni a siniestra, para que seas prosperado en todas las cosas que emprendas".*

Isaías 8:20, *"¡A la ley y al testimonio! Si no dijeren conforme a esto, es porque no les ha amanecido".*

Proverbios 30:6, *"No añadas a sus palabras, para que no te reprenda, y seas hallado mentiroso".*

San Mateo 15:6, *"Ya no ha de honrar a su padre o a su madre. Así habéis invalidado el mandamiento de Dios por vuestra tradición".*

San Juan 10:35, *"Si llamó dioses a aquellos a quienes vino la palabra de Dios (y la Escritura no puede ser quebrantada)".*

Otro análisis sobre Apocalipsis 22:19 se encuentra en el Comentario Bíblico de Matthew Henry y dice de la siguiente manera:

"Es obvio que estas amonestaciones van dirigidas a gente de iglesias, no a los de afuera, ya que los de afuera no reconocen en la Biblia la Palabra de Dios. Sin embargo, sacaría una conclusión falsa quien de esta porción dedujese que un sincero cristiano puede perder la salvación si quita algo de la Palabra de Dios. Como dice Walvoord, eso equivaldría a sacar el texto de su contexto. Y añade (ob.cit., Pág. 338):

Esta porción supone que un hijo de Dios no va a entremeterse en estas escrituras. Es el contraste de la incredulidad con la fe, del intelecto ciego y caído del hombre en contraste con el creyente iluminado y aleccionado por el Espíritu. Aun cuando el verdadero hijo de Dios no comprenda todo el sentido del libro del Apocalipsis, reconocerá en él una declaración de su esperanza y lo que se le ha asegurado de gracia por medio de su salvación en Cristo". (Henry, Matthew. Comentario Bíblico. Pág. 1998).

Sobre lo dicho en el comentario de Matthew Henry, señalo como punto sobresaliente su aseveración de que ningún verdadero cristiano puede perder la salvación. Matthew Henry cita a Walvoord en cuanto a la posibilidad de perder la salvación. Walvoord dice: "eso equivaldría a sacar el texto de su contexto".

Durante la Gran Tribulación (Apocalipsis 22:19)

El pasaje bíblico de Apocalipsis 22:19 se podría clasificar como uno de los pasajes oscuros de Apocalipsis. Oscuro porque si le tomamos literalmente sin considerar el resto de la Biblia, llegaríamos a la conclusión de que se puede perder "La Salvación Eterna". Esta aseveración estaría en oposición o contraria a todo el resto de la Biblia. Siguiendo con los consejos y principios de interpretación sugeridos para el estudio bíblico, debemos permitir que los pasajes más claros hablen por los más oscuros. Otro principio que debemos seguir es, no permitir que sea establecida doctrina alguna basada en textos del Apocalipsis que aparenten estar en contra de doctrinas establecidas con base en los evangelios y en las cartas del Nuevo Testamento. Aunque toda la verdad la sabe Dios, al seguir las reglas de interpretación bíblica, el Señor honrará nuestro esfuerzo y aunque no lleguemos a toda la verdad, podremos entender bastante.

Mi Opinión sobre Apocalipsis 22:19

Reunido con mi yerno Víctor Javier Pérez, hablábamos y analizábamos este pasaje bíblico, llegando a la siguiente conclusión, ubicando este pasaje bíblico dentro del marco de interpretación **futurista**. No existe base bíblica alguna, ni en los evangelios ni en las epístolas, que puedan sustentar el hecho de poder perder la salvación durante la dispensación de la gracia, luego de haber aceptado a nuestro Señor Jesucristo como único y exclusivo Salvador. Entiendo que esta escritura de Apocalipsis 22:19 tendrá su efecto en el futuro, durante la "Gran Tribulación". Para ese tiempo, ya la iglesia se habrá ido con Cristo. La Palabra nos revela que durante la gran tribulación, 144.000 judíos evangelistas (el remanente fiel) y una gran multitud de gentiles serán salvos. San Mateo 24:13 dice, *"Mas el que persevere hasta el fin, éste será salvo".* En el primer libro **"Jehová-Jireh"**, analicé este versículo con bastante amplitud, ubicando su efectividad durante el tiempo de la "Gran Tribulación". Si usted lee todo el capítulo 24 de San Mateo, podrá entender que, "San Mateo 24:13" se está refiriendo al tiempo de la "Gran Tribulación", durante el cual podríamos decir que los que se salven, lo lograrán aceptando a Jesucristo y por obras. Por obras, porque algunos tendrán que huir a los montes (San Mateo 24:16), y otros inclusive, tendrán que dejarse torturar, y a otros les será cortada la cabeza. Por eso San Mateo 24:13 nos dice que el que persevere hasta el final será salvo. El que se rinda debido a la tortura y amenaza de cortarle la cabeza, perderá la salvación eterna.

Relaciono a Apocalipsis 22:19 con San Mateo 24:13, porque en ese tiempo de tribulación, la revelación del Apocalipsis será de un valor incalculable para lograr la Salvación Eterna. En ese tiempo, nosotros (la Iglesia) nos habremos ido con el Señor y los que queden, ya no podrán ser perdonados solamente en el nombre de Jesús, porque ya no estarán en "La Gracia". Durante esa tribulación, San Mateo 24:24 nos dice: *"Porque se levantarán falsos Cristos, y falsos profetas, y harán grandes señales y prodigios, de tal manera que engañarán, si fuere posible, aun a los escogidos".* Ellos tendrán que pagar muy cara su salvación. En el tiempo de tribulación, el contenido del libro de Apocalipsis será la clave o el camino para alcanzar la Salvación Eterna. Algunos podrían aceptar al Señor y ser escritos en el Libro de la Vida, pero luego, debido a amenazas y al temor de llegar a perder la vida siendo decapitados por aceptar y propagar el mensaje del Apocalipsis, podrían quitarle lo que se les ordene, a dicho mensaje. Si alguno quitare de las palabras del libro de esta profecía, será culpado de la sangre de los que no pudieron recibir su verdadero mensaje completo y se perdieron. La persona que haga tal cosa, Dios quitará su parte del libro de la vida, y de la santa ciudad y de las cosas que están escritas en este libro. Amén.

CAPITULO III

LA GRACIA

Introducción: La Gracia Eterna de Dios y la Dispensación de La Gracia

Cuando hablamos de las diferentes dispensaciones bíblicas, nos estamos refiriendo a ciertas divisiones implícitas en la Palabra de Dios. Aunque la Palabra de Dios o la historia de la salvación es una unidad consecutiva y completa, la revelación de estas divisiones de parte de Dios al Reverendo Dr. Scofield, han sido de gran ayuda y bendición a la iglesia. Las dispensaciones son diferentes períodos de tiempo, durante los cuales el hombre es puesto a prueba con respecto a cierta revelación específica de la voluntad de Dios. Son edades divinamente ordenadas, que condicionan la vida humana sobre la tierra. Estas divisiones, aunque no son algo absoluto o categórico, cumplen con el propósito de facilitar o ayudar al cristiano a entender el mensaje bíblico en una forma más consecutiva, ordenada, sencilla y efectiva. Al decir que estas divisiones no son absolutas o categóricas, quiero decir que el propósito de una dispensación puede manifestarse en alguna situación o evento dado de otra dispensación. Por ejemplo, la gracia de Dios siempre ha estado presente para bendecir al ser humano y a toda la creación. Podríamos afirmar que la gracia de Dios es parte o un atributo de su Ser, es decir, que siempre ha existido. La creación de todo lo que el hombre necesitaba para su subsistencia y luego ponerlo al frente de todo lo creado, es un buen ejemplo de la acción o manifestación de la gracia de Dios, desde el principio y por siempre. A través de toda la historia bíblica y de sus eventos, podemos percibir la manifestación de esa gracia de Dios, que fluye como resultado de su misericordia y amor por la humanidad.

A algunos ministros no les gusta ministrar sobre la revelación progresiva de Dios a través de las dispensaciones, porque éstas demarcan claramente las diferentes épocas o etapas de la revelación progresiva de Dios, y no les conviene que eso se conozca. No les conviene porque si estas dispensaciones se estudian y se enseñan en las clases bíblicas, aún el hermano más humilde podría recibir una visión muy clara de la historia de la salvación, es decir, de la Palabra de Dios. Este hermano entonces, al entender la Palabra, estará apto para preguntar y cuestionar cosas que muchos ministros prefieren mantener ocultas. San Agustín dijo: *"Distinguid las edades y todas las escrituras armonizarán".*

Distinguid las edades y todas las escrituras armonizarán

Esto significa que diversos eventos, situaciones, actos, y todo diferente tipo de acción depende de la edad, o de la dispensación en que ocurrió. Por ejemplo, bajo la dispensación de la ley era legal y permitido ante Dios, cosas que ahora en la dispensación de la gracia no son aceptables delante del Señor.

Cuando analizamos o estudiamos las diferencias entre la dispensación de la ley y la gracia, podemos apreciar la ayuda o bendición que esta revelación nos brinda. Esta división clara y muy marcada, señala las diferentes características de cada una de ellas, demarcando específicamente los cambios señalados por nuestro Señor Jesucristo y los apóstoles.

Son tantas las porciones bíblicas que establecen la sustitución de la ley por "la gracia", que para mencionarlas, tendríamos que señalar gran parte de toda la escritura. Nuestro Señor Jesucristo se refiere a este cambio o sustitución en varias ocasiones durante su ministerio terrenal.

> *"No penséis que he venido para abrogar la ley o los profetas; no he venido para abrogar, sino para cumplir".* San Mateo 5:17

Jesucristo vino a cumplir con la ley por nosotros y así lo hizo, Él la cumplió. Nosotros no tenemos que cumplir con alguna parte de la ley. Si creemos y tratamos de cumplir con alguna parte de la ley, estamos diciendo, aceptando y afirmando que el sacrificio de Jesucristo en la cruz del Calvario no fue suficiente para cumplir con toda la ley.

> *"Porque de cierto os digo que hasta que pasen el cielo y la tierra, ni una jota ni una tilde pasará de la ley, hasta que todo se haya cumplido".* San Mateo 5:18

En San Mateo 5:17 Jesús nos dice que Él no vino para abrogar la ley, sino para cumplirla. Luego, en el próximo versículo, San Mateo 5:18 nos dice que nada de la ley pasará hasta que todo se haya cumplido. En la parte subrayada anteriormente, está la clave de la solución del cumplimiento de la ley. Cuando nuestro Señor muere en la cruz del Calvario, todo fue cumplido. Desde ese momento entramos en la dispensación de "la gracia".

> *"Cristo nos redimió de la maldición de la ley, hecho por nosotros maldición (porque está escrito: Maldito todo el que es colgado en un madero)".* Gálatas 3:13 (y Deuteronomio 21:23)

A través del ministerio de Jesús y de los apóstoles, podemos apreciar cómo señalan diferentes reglas y estatutos de la ley y las reestructuran de acuerdo con lo establecido en la dispensación de la gracia. En muchas ocasiones leemos, *"os fue dicho, pero yo os digo..."* Esa misma regla o estatuto que estaba en vigor en la ley, Jesús y los apóstoles las modificaron o las cambiaron de un sentido físico o material a una dimensión de índole espiritual. Aunque se podría escribir un libro completo mencionando las modificaciones o cambios de lo establecido por la ley a la dispensación de la gracia, señalaré sólo algunos ejemplos.

> *"Oísteis que fue dicho: No cometerás adulterio. Pero yo os digo que cualquiera que mira a una mujer para codiciarla, ya adulteró con ella en su corazón".* San Mateo 5:27-28

Con relación a los mandamientos podríamos decir que Jesús los resume en dos y los convierte de un contexto, o dimensión puramente material, física, legalista a un ámbito o dimensión puramente espiritual. Ahora estos mandamientos están plasmados en nuestro corazón.

Nuestro Señor Jesucristo dice:

> *"Oísteis que fue dicho: Amarás a tu prójimo, y aborrecerás a tu enemigo. Pero yo os digo: Amad a vuestros enemigos, bendecid a los que os maldicen, haced bien a los que os aborrecen, y orad por los que os ultrajan y os persiguen".* San Mateo 5:43-44

> *"Y amarás al Señor tu Dios con todo tu corazón, y con toda tu alma, y con toda tu mente y con todas tus fuerzas. Este es el principal mandamiento. Y el segundo es semejante: Amarás a tu prójimo como a ti mismo. No hay otro mandamiento mayor que estos".* San Marcos 12:30-31

En esta última porción de la Palabra, se resumen los diez mandamientos porque el que ama a su prójimo como a sí mismo no hace ninguna de las cosas que establece el resto de los mandamientos. Como nos dice Romanos 12:9-10, el cumplimiento de la ley en la gracia es el amor.

Las finanzas de la Iglesia en la gracia

La reestructuración, re–evaluación o adaptación de las disposiciones de la ley para ser aceptadas en la gracia, es decir desde una dimensión material legalista a una espiritual, también la podemos ver en cuanto a lo financiero. También quedan anulados los diezmos de la ley, pertenecientes a los levitas. Aunque los diezmos son anulados, Jesús no deja a sus ministros sin cubierta financiera. A través del apóstol Pablo, deja establecida la forma en que el pueblo debe sostener la obra financieramente.

> *"Cada primer día de la semana cada uno de vosotros ponga aparte algo, según haya prosperado, guardándolo, para que cuando yo llegue no se recojan entonces ofrendas".* 1 Corintios 16:2

> *"Cada uno dé como propuso en su corazón: no con tristeza, ni por necesidad, porque Dios ama al dador alegre".* 2 Corintios 9:7

> *"Ahora, pues, llevad también a cabo el hacerlo, para que como estuvisteis prontos a querer, así también lo estéis en cumplir conforme a lo que tengáis".* 2 Corintios 8:11

> *"Porque si primero hay la voluntad dispuesta, será acepta según lo que uno tiene, no según lo que no tiene".* 2 Corintios 8:12

> *"Porque no digo esto para que haya para otros holgura, y para vosotros estrechez, sino para que en este tiempo, con igualdad, la abundancia*

vuestra supla la escasez de ellos, para que también la abundancia de ellos supla la necesidad vuestra, para que haya igualdad, como está escrito: El que recogió mucho, no tuvo más, y el que poco, no tuvo menos". 2 Corintios 8:13-15

Los versículos de 2 Corintios 8:11-15 son de vital importancia para el estudio y entendimiento de las directrices que nos da la Palabra con relación a la mayordomía de las finanzas en la dispensación de la gracia. Estos versículos nos dictan las pautas y nos dan dirección en cuanto a la manera que la Palabra de Dios expresada en la gracia, nos aconseja a ofrendar. En otros temas he hecho estudios y concluido que en la dispensación de la gracia, el Señor no nos requiere ni aconseja diezmar. El diezmo pertenecía a la ley y Jesucristo cumplió toda la ley por nosotros.

Aquí el apóstol Pablo aconseja a los Corintios que de la misma manera que voluntariamente y sin manipulaciones, habían expresado su deseo de ofrendar, debían hacerlo ahora. Pablo aclara en más de una ocasión, que el cumplir con la ofrenda debe ser de acuerdo o conforme a lo que se tiene. Pablo repite que esa ofrenda será acepta según lo que uno tiene, no según lo que no tiene. Espero que el estudio de estos versículos sirvan para hacer meditar a muchos ministros de Dios sobre lo que están predicando, y haciendo con relación a la ministración sobre las finanzas. En resumen, las famosas "Promesas de Fe", quedan descartadas de acuerdo con 2 Corintios 8:11-12.

El apóstol Pablo dice:

"Nuestras cartas sois vosotros, escritas en nuestros corazones, conocidas y leídas por todos los hombres; siendo manifiesto que sois carta de Cristo expedida por nosotros, escrita no con tinta, sino con

el Espíritu del Dios vivo; no en tablas de piedra, sino en tablas de carne del corazón". 2 Corintios 3:2-3

Los estándares en la gracia

Todo lo expuesto en la sección anterior, nos ayuda a un mejor entendimiento de la diferencia entre los estándares del Antiguo Testamento y de la dispensación de la gracia. Nuestro Señor Jesucristo aumenta o eleva los estándares de la ley, de su contexto o cumplimiento a través de acciones físicas o materialistas, a uno de índole puramente espiritual.

Este aumento, o elevación de estos estándares no significa que si en la ley había que sacrificar un becerro por cierta falta cometida, ahora serían dos becerros o un buey, por la misma falta. En cuanto a la mayordomía de las finanzas, no quiere decir que si la ley establecía el pago obligatorio del diez por ciento de todo lo recibido, ahora debemos pagar el veinte por ciento.

En la dispensación de la gracia, todo lo que recibimos y poseemos es del Señor. Esto no significa que cuando cobras tu salario tengas que llevar a tu pastor el cheque que cobraste, para que él decida qué hacer o cómo distribuirlo. Lo que significa es que el dinero o bienes que los cristianos recibimos, debemos usarlos sabiamente, en cosas que agraden a Dios. No debemos desperdiciar o dar mal uso a nuestro dinero y pertenencias, tales como en vicios, vanidades, etc., sino en las cosas necesarias en nuestro hogar y no olvidar que debemos sostener la obra de Dios. En el Nuevo Testamento encontramos las directrices sobre la forma en que debemos ayudar a sostener la iglesia, dirigidos por el Espíritu Santo que mora en nosotros. Si dejamos esa inspiración al Espíritu Santo, entonces sí seremos verdaderos dadores alegres, por cuanto no se nos está imponiendo ninguna cantidad fija, forzada por intimidación manipuladora.

Si profundizamos más en el tema sobre **"los estándares bajo la ley y ahora en la gracia"**, encontramos que las bendiciones que se recibían en el Antiguo Testamento, eran generalmente de índole física o material. Esto lo podemos ver en casos tales como en la vida de Abraham, Job, Salomón, y tantos otros hombres de Dios del Antiguo Testamento. Estos hombres eran premiados o bendecidos con triunfos en guerras, en batallas, con la adquisición de diferentes bienes materiales como riquezas, etc.

En la dispensación de la gracia, las bendiciones son de índole espiritual. Apóstoles, discípulos y otros, azotados, perseguidos, desterrados, encarcelados, torturados y asesinados, pero llenos de esperanzas, de una fe viva en el Señor. En su mayoría, estas eran las experiencias vividas por estos hombres de Dios durante sus ministerios. Lo que había en aquellos hombres, que a pesar de las circunstancias, podían permanecer firmes en sus convicciones, es lo mismo que debe existir en nosotros hoy día, ese algo que nos debe guiar a tener fe y a confiar en el Señor, sin tener que recurrir a nuestras propias artimañas, estrategias, manipulaciones, etc. Esta fe, esta firmeza, la podemos visualizar al imaginar estar allí, cuando Esteban fue apedreado. Entiendo que este caso debe dejar muy claro en nuestras mentes, cuál era la prosperidad, la bendición, las riquezas que Esteban había recibido.

> *"Pero Esteban, lleno del Espíritu Santo, puestos los ojos en el cielo, vio la gloria de Dios, y a Jesús que estaba a la diestra de Dios".* Hechos 7:55

Esta experiencia de Esteban debe inspirar y elevar los estándares de ministros que sólo sueñan con riquezas materiales, fama, etc., en lugar de desear las bendiciones espirituales que el Señor tiene para su pueblo. Esteban no sólo pidió al Señor recibir su espíritu, sino que intercedió por los que le apedreaban.

"Y apedreaban a Esteban, mientras él invocaba y decía: Señor Jesús, recibe mi espíritu. Y puesto de rodillas, clamó a gran voz: Señor, no les tomes en cuenta este pecado. Y habiendo dicho esto, durmió". Hechos 7:59-60

Personalmente me alegro y doy gracias al Señor por permitirme poseer, al igual que otros ministros, lo mismo que poseía Esteban, y no ambicionar poseer o adquirir riquezas del mundo. No recuerdo haber leído en el Nuevo Testamento sobre algún caso o ejemplo que nos señale a un ministro de Dios, ser bendecido con grandes riquezas materiales. Pablo nos dice:

"Sé vivir humildemente, y sé tener abundancia; en todo y por todo estoy enseñado, así para estar saciado como para tener hambre, así para tener abundancia como para padecer necesidad". Filipenses 4:12

Entiendo que esa abundancia a la que se refiere Pablo aquí, no es que él era millonario y ni siquiera rico. Para mí significa tener suficiente y algo más. No creo que Pablo iba a estar amasando riquezas, mientras otros padecían hambre. Posiblemente las mentes materialistas visualizarán esta porción bíblica como apoyo para sostener sus ambiciones materiales, carnales.

Otra de las porciones bíblicas que "los magos **"cristianos"** de las finanzas", usan para reforzar y justificar sus ambiciones materiales y de poder, es donde se describe la túnica de Jesús. También escucho que señalan a Jesucristo como millonario o rico, porque en su nacimiento los reyes magos, le regalaron oro, entre otras cosas. Estos temas los comentaré en mi próximo libro, **"El Nuevo Pacto"**.

Roguemos al Señor para que perdone a estos ministros, y que el Espíritu Santo les redarguya. Que puedan tomar en serio, con temor y temblor, la Palabra de Dios. Amén.

Cuando hablamos o nos referimos a la dispensación de "La Gracia", estamos señalando un período de tiempo en el que Dios manifiesta de una forma especial o máxima esta característica de su deidad ("La Gracia"). La dispensación anterior a la gracia, o sea la ley, fue tipo y sombra de lo que vendría. Esta gracia de Dios, la cual es manifestada en una forma máxima, especial, fue consumada por nuestro Señor Jesucristo. Él descendió de los altos cielos, nació de la virgen María, por el poder del Espíritu Santo. Vivió una vida santa y luego murió en la cruz del Calvario, fue sepultado, descendió al infierno, y al tercer día resucitó de entre los muertos. Subió a los cielos y está a la diestra de Dios. Allí intercede por los que le hemos aceptado como nuestro único y exclusivo Salvador, por cuanto ahora Él es nuestro sumo Sacerdote.

Son muchas las características y detalles que distinguen la dispensación de la gracia de las otras. En todas las dispensaciones anteriores, el Espíritu de Dios se manifestaba en forma especial sólo en ciertas personas como profetas y otros hombres escogidos. Ahora, en la gracia, cuando creemos a la Palabra de Dios y aceptamos a Jesucristo, somos sellados con el Espíritu Santo. Ahora el Espíritu Santo habita en todos los que aceptamos a Jesucristo; somos su templo. Antes dependíamos de sacerdotes levitas para tener cierta relación indirecta con Dios. Ahora Jesucristo es nuestro sumo sacerdote y podemos ir a la presencia de Dios en su nombre, sin la intervención de ningún sumo sacerdote humano. Todo lo anterior debido a que cuando Jesús murió, el velo que dividía el lugar santo del santísimo se rajó. Desde ese momento pasamos de la dispensación de la ley a la gracia. Ya no tenemos que sacrificar animales y derramar su sangre, como era necesario hacer en el antiguo pacto para cubrir nuestros pecados. Ahora

Jehová Dios nos perdona cuando vamos a Él en el nombre de Jesucristo. Dios no mira nuestro pecado, ni a nuestra persona, sino que ve a nuestro Señor Jesucristo y por Él somos justificados.

Son muchas más las diferencias que podrían señalar, que separan y caracterizan a la dispensación de la gracia de todas las dispensaciones anteriores. Como señalé anteriormente, es cierto que la gracia de Dios siempre ha estado presente y estará. Cuando hablo de la dispensación de la gracia como tal, me estoy refiriendo a una etapa o época especial en la historia de la revelación progresiva de Dios. La revelación de la dispensación de la gracia está claramente demarcada categorizada y se distingue por características especiales y únicas. Demos gracias al Señor por su revelación especial al Dr. Scofield. Amén.

El ciento por uno

Para mí, Malaquías 3:8-12 es una de las porciones bíblicas más popular conocida por la iglesia de Jesucristo en el mundo entero. Si alguien hiciera un estudio en diferentes iglesias en todo el mundo, me atrevo a asegurar que son muy pocos los que no conocen esta porción de la Palabra. Conocen esta Palabra a la luz de la manipulación e interpretación que se les ha enseñado. La gran mayoría de los cristianos pueden repetir las implicaciones o el pecado que se comete, al fallar o faltar en cumplirla. En muchos se podrá ver claramente el temor, o la preocupación porque no han cumplido. Realmente es una lucha, una condenación que sufre el pueblo de Dios por su ignorancia, de la cual se aprovechan muchos ministros inescrupulosos. Sé que Dios me ha levantado para dirigir el Ministerio Liberando al Cautivo, para liberar a tantos oprimidos por algunos ministros ignorantes de la Palabra, y otros mal intencionados y corruptos.

"Desde los días de vuestros padres os habéis apartado de mis leyes y no las guardasteis". Malaquías 3:7a

Fíjese que dice, *"os habéis apartado de mis leyes y no las guardasteis"*, es decir, que el libro de Malaquías es parte del Antiguo Testamento y su contenido pertenece a la ley de Moisés. Hoy hace alrededor de 2005 años que nuestro Señor Jesucristo vino al mundo, murió en la cruz del Calvario y nos libró de la ley, desde ese tiempo estamos en la gracia. Ahora nosotros no tenemos que cumplir con la ley de Moisés.

"¿Robará el hombre a Dios? Pues vosotros me habéis robado. Y dijisteis: ¿En qué te hemos robado? En vuestros diezmos y ofrendas". Malaquías 3:8

En el Antiguo Testamento, que es el tiempo que Malaquías escribe, esta escritura tenía vigencia, o sea que tenía validez y era aplicable al pueblo de Israel. En aquel tiempo, el pago de diezmos y ofrendas era una ley, no era algo voluntario, no era el acto de un dador alegre; era simplemente una ley que obligaba al pueblo de Israel a cumplirla. Hoy nuestra ley es el amor, y por ese amor y agradecimiento que sentimos por el Señor, somos tocados o inspirados por el Espíritu Santo, para dar alegremente lo que Él ponga en nuestro corazón. Conocemos y aceptamos nuestra responsabilidad de apoyar y sostener la obra del Señor, por amor, no por ley como dice Malaquías. Aconsejo a ministros que por ignorancia han estado acusando a la iglesia de Jesucristo de robarle a Dios, que recapaciten. Están acusando de robar a Dios, a la iglesia liberada de la ley, lavada en la sangre de Cristo. Piensa por un momento, ¿qué contestarás al Señor cuando te pida cuentas de lo que has hecho con las almas que Él tocó y llevó a tu iglesia?

¿Qué contestarás, si algunos de ellos se han ido de nuevo al pecado, al mundo, por tu exigencia de que cumplan con la ley de Moisés?

> *"Malditos sois con maldición, porque vosotros, la nación toda, me habéis robado".* Malaquías 3:9

Creo que todo esto es más serio delante de Dios, de lo que nosotros podemos pensar. ¿De qué nación habla este versículo? De la nación hebrea, de los israelitas por supuesto. Para mí, es un acto de desobediencia, de falta de dirección de parte de Dios, tratar de revivir maldiciones del Antiguo Testamento para traerlas y aplicarlas a la iglesia de Jesucristo. Todas estas maldiciones fueron anuladas y clavadas en la cruz del Calvario. En el Nuevo Testamento, en la gracia, no encontramos este tipo de maldiciones.

> *"Traed todos los diezmos al alfolí y haya alimento en mi casa".* Malaquías 3:10ª

El alfolí es el granero donde se guardaban los cereales y diferentes granos. Aquí Malaquías señala el propósito de llevar los diezmos al alfolí, *"para que haya alimento en mi casa"*. Los sacerdotes levitas y todos los que se dedicaban única y exclusivamente a servir a Jehová, deberían ser alimentados y sostenidos por el resto del pueblo que disfrutaban del servicio de ellos como ministros.

> *"y probadme ahora en esto, dice Jehová de los ejércitos, si no os abriré las ventanas de los cielos, y derramaré sobre vosotros bendición hasta que sobreabunde".* Malaquías 3:10ᵇ

Todos estos requisitos y promesas tuvieron su tiempo, su momento. Hoy el Señor nos sigue bendiciendo e inspirándonos a sostener los ministerios de su iglesia. Nuestra mayor bendición ya nos fue dada gratuitamente y fue la salvación eterna. En la dispensación de la ley, las bendiciones eran más materiales que ahora en la gracia. Ahora el Señor promete juzgarnos en el tribunal de Cristo para honra o deshonra, y para ser galardonados o avergonzados, dependiendo de nuestras obras, es decir, de lo que hicimos con nuestros talentos. A través del estudio del juicio del tribunal de Cristo, he entendido que la duración de este estado de vergüenza, deshonra y dolor, será limitada sólo al período de este juicio. Debemos señalar que será muy doloroso estar frente al Señor, y no poder explicar o justificar nuestra conducta o actos. También he entendido que, una vez finalizado este juicio, este momento de transición, toda esa vergüenza y dolor será borrado, olvidado y reinaremos con el Señor para siempre.

> *"Enjugará Dios toda lágrima de los ojos de ellos; y ya no habrá muerte, ni habrá más llanto, ni clamor, ni dolor; porque las primeras cosas pasaron".* Apocalipsis 21:4

No debemos olvidar que este juicio no es para salvación o condenación eterna. Cuando aceptamos a Cristo, recibimos la salvación eterna, y no la perderemos jamás.

En los versículos 3:11-12, Malaquías continúa pronunciando bendiciones en el pueblo de Israel, para todo el que cumpla con la ley de Moisés sobre diezmos y ofrendas.

Además de traer algunas de las leyes de Moisés del antiguo al Nuevo Testamento, usando su astucia, estrategias y manipulaciones, algunos ministros las mezclan con porciones del Nuevo Testamento. Por ejemplo, mezclan la porción bíblica de Malaquías que he señalado aquí, con algunas partes de los evangelios. Estas mezclas me recuerdan lo que hacía una amiga con su hijo. Al niño no le gustaban los vegetales y ella se los mezclaba con el postre y así el niño los comía. En esta alegoría, los vegetales son la ley de Moisés, y el postre, el evangelio de nuestro Señor Jesucristo. Si ya la humanidad consumió los vegetales, ahora es el tiempo del postre solo, sin necesidad de adulterarlo con vegetales.

> *"Respondió Jesús y les dijo: De cierto os digo que no hay ninguno que haya dejado casa, o hermanos, o hermanas, o padre, o madre, o mujer, o hijos, o tierras, por causa de mí y del evangelio, que no reciba cien veces más ahora en este tiempo; casas, hermanos, hermanas, madres, hijos, y tierras, con persecuciones; y en el siglo venidero la vida eterna".*
> San Marcos 10:29-30 y San Mateo 19:29

Aquí, tanto San Mateo como San Lucas, narran las promesas de nuestro Señor Jesucristo para los que dejen cosas amadas por seguirle a Él y por causa del evangelio. Los "alquimistas cristianos" usan estas citas bíblicas en unión con Malaquías 3:7-12, en su empeño de formular o producir "mandamientos: ley-gracia" para estimular o manipular a la congregación a pagar diezmos, ofrendas generales, ofrendas especiales, etc., etc.

Esta porción de San Marcos 10:29-30 y San Mateo 19:29, de ninguna manera está relacionada con la ley del diezmo. La ley del diezmo era algo que el pueblo de Israel tenía que cumplir, sin ninguna promesa del ciento por uno. Esta promesa de ciento por uno la declara nuestro Señor Jesucristo en la dispensación de la gracia, para su iglesia, e incluye a gentiles y hebreos que le hayan aceptado como Señor y Salvador. Aquí se habla de cosas en general, de las cuales uno se aparta para obedecer y seguir al Señor. Los alquimistas cristianos, generalmente reducen a dinero todas las cosas mencionadas en estas escrituras. Señalan el ciento por uno que el Señor promete, como válido para el que diezme. O sea que al mezclar Malaquías 3:7-12 con la promesa del ciento por uno, las personas quedan completamente confundidas y creen estar verdaderamente obligados a diezmar. Los alquimistas fueron los precursores de los químicos. Ellos mezclaban diferentes sustancias, tratando de conseguir una fórmula para hacer oro. Algunos ministros actúan de igual manera, mezclando leyes del Antiguo Testamento con promesas del Nuevo Testamento, tratando de producir una fórmula aceptable que les autorice para cobrar diezmos.

Vuelvo a hacer un llamado a ministros del evangelio de Jesucristo, para que revisen la manera en que están ministrando sobre <u>la ley de Moisés</u>, o <u>el evangelio</u>, y <u>la gracia</u> de nuestro Señor Jesucristo.

Aunque las escrituras de San Mateo 23:23 y San Lucas 11:42 han sido comentadas en ocasiones anteriores, volveré a mencionarlas, porque son las únicas dos veces que se menciona la palabra diezmos en el Nuevo Testamento. Aunque son dos veces, podríamos decir que sólo es una vez, porque son escrituras análogas o semejantes.

> *"¡Ay de vosotros, <u>escribas y fariseos</u>, hipócritas! porque <u>diezmáis</u> la menta y el eneldo y el comino, y dejáis lo más importante <u>de la ley</u>: la justicia, la misericordia y la fe. Esto era necesario hacer, sin dejar de hacer aquello".* San Mateo 23:23

La razón para volver a comentar este versículo, es porque hay ministros que en su empeño de justificar la exigencia y el cobro de diezmos, utilizan esta escritura. Este versículo va dirigido a <u>escribas y a fariseos</u>. Lo primero que el Señor les llama es <u>hipócritas</u>. Les señala que aunque diezman de lo que tienen, han dejado a un lado la justicia, la misericordia y la fe. Jesucristo se dirige de esta manera a los escribas y fariseos, los cuales permanecían bajo la ley de Moisés, porque no le recibieron ni le aceptaron como el Mesías prometido. Ellos, los escribas y fariseos, tenían el deber u obligación de diezmar, porque ellos estaban bajo la ley. Jesucristo les señala que para tratar de cumplir con la ley de Moisés, ellos tenían que ejercitarse en justicia, misericordia y fe, mas también tenían que diezmar como requisito de la ley de Moisés.

Para mí, todo esto está completamente claro, pero hay ministros que hacen el esfuerzo que sea necesario para justificar el cobro de diezmos. Estos ministros dicen que Jesucristo les habló así a los fariseos y escribas, porque diezmaban hipócritamente. Para sostener su postulado del diezmo en la gracia, señalan la última oración. *"Esto era necesario hacer, sin dejar de hacer aquello"*. Nos quieren hacer creer que en esta expresión, el Señor está afirmando y sosteniendo la obligación o el deber de diezmar en la gracia. Ellos quieren ocultar que en esta parte del versículo, el Señor se está dirigiendo a escribas y fariseos, quienes continuaban bajo la ley. En ninguna porción del Nuevo Testamento encontramos indicios de exigencias o colección de diezmos. La petición y recolección de ofrendas sí se hacían, pero como algo voluntario a partir de un dador alegre, no un dador manipulado. Ni Jesucristo, ni los apóstoles, ni los discípulos, ni la iglesia primitiva, exigieron el pago de diezmos, porque ellos estaban muy claros en la Palabra del evangelio. Algunos ministros que están a favor del diezmo en la gracia, dicen que Jesucristo tenía que haber diezmado para que se le hubiese permitido enseñar en la sinagoga. Aunque no hay evidencia bíblica alguna de que eso hubiese ocurrido, si fuese verdad que Jesús diezmó, este hecho tampoco justificaría el diezmo en la dispensación de la gracia. Estos ministros olvidan que durante el ministerio terrenal de Jesús en la tierra, estaba en vigencia la ley de Moisés. Si Jesús hubiese diezmado, lo hubiese hecho para cumplir con la ley, porque Él vino a cumplirla. En mi próximo libro **"El Nuevo Pacto"**, comentaré ampliamente sobre este tema.

Como es de esperarse, al pasar el tiempo los ministros nicolaítas, los cuales dividieron la iglesia de Jesucristo en el clero y los laicos, comenzaron a planificar la forma de volver a cobrar diezmos. Estos nicolaítas, compuestos por el clero, que se catalogaban como superiores a los laicos, abrazaban la idea de revivir la ley del diezmo. Por ser el clero, ellos serían beneficiados en este asunto. Por cuanto este clero estuvo directamente unido al imperio romano, en el año 585, en un sínodo celebrado en Macón, Francia, los diezmos fueron establecidos legalmente. Años más tarde, Carlo Magno les dio sanción legal. No continuaré con este tema, porque ya ha sido ampliamente comentado en otra sección de este libro. Lo terrible de todo esto es que hoy día muchos ministros doctores, conocedores de la Palabra y de la historia, aunque saben todo esto, continúan con la práctica. Muchos otros ministros no buscan, no escudriñan la Palabra y se dejan llevar por los que ellos consideran "los grandes". Ministros y hermanos conocedores de la verdad, arrepiéntanse de todo el mal que quizás han hecho y el que posiblemente estén haciendo y harán, si continúan con estas herejías. Rueguen al Señor que aumente vuestra fe para depender de él y no de sus habilidades y manipulaciones. Que el Señor les ilumine y el Espíritu Santo les redarguya. Amén.

La Salvación Instantánea y como Proceso

La salvación eterna la recibimos instantáneamente, en el momento en que aceptamos a nuestro Señor Jesucristo como nuestro único y exclusivo Salvador. Como partes o atributos de esta salvación eterna, también recibimos santificación, reconciliación, redención, justificación, regeneración, etc. Esta salvación eterna y sus partes o componentes no dependen de nuestras obras ni de ninguna otra cosa, porque la hemos recibido por gracia... es un regalo de Dios; es gratis para nosotros, pero eso no la convierte en una salvación barata, pues Jesucristo pagó un alto precio en la cruz del Calvario.

Mientras estemos en este mundo con este cuerpo carnal, tendremos que bregar con la salvación terrenal y las partes mencionadas, pero como un proceso. Dependiendo de la forma o manera en que usemos esos talentos que el Señor nos ha dado, y obedezcamos al Señor, así mismo disfrutaremos o sufriremos en nuestra vida terrenal. A esta salvación y sus partes como proceso, le he llamado "la salvación terrenal", porque se realiza aquí en la tierra. Cuando perdemos esta salvación terrenal, puede ser sólo por algún tiempo que queda rota la comunión con Dios. Como resultado, tendremos que pagar las consecuencias del pecado aquí en la tierra. Cuando nos arrepentimos y pedimos perdón a Dios en el nombre de Jesús, somos perdonados y volvemos a disfrutar de esa salvación terrenal.

Si nos mantenemos fuera de la voluntad de Dios y seguimos viviendo así en este mundo después de haber recibido la salvación eterna, pagaremos por nuestro pecado. La misericordia de Dios podría permitir que muramos antes del tiempo que podríamos vivir bajo otras circunstancias, es decir, que el Señor acelerará nuestra partida de este mundo. En este caso, cuando estemos en la presencia del Señor, ante el tribunal de Cristo, seremos avergonzados y perderemos nuestros galardones. No perderemos nuestra salvación eterna, porque esta fue un regalo que recibimos al aceptar a Cristo, para la cual no tuvimos que pagar ni hacer nada, y por tanto, tampoco la perderemos por nada.

Como dije anteriormente, la salvación eterna no depende de la salvación como proceso. La salvación como proceso es una forma en que podríamos comenzar a disfrutar parte de la salvación eterna aquí en la tierra, aún con nuestros cuerpos carnales. Disfrutar de la salvación terrenal o no, depende de la forma en que vivamos, es decir, en obediencia a Dios o en desobediencia.

Algunos ministros me han dicho que podría hacer daño predicar esta salvación eterna así, como nos la presenta la Biblia. El daño al que se refieren, es que mucha gente podría aceptar al Señor y luego apartarse, porque sabrían que al morir serán salvos. Mi respuesta a esos ministros es que yo no creo que eso pueda suceder. Entiendo que una persona que acepta a Jesucristo verdaderamente de corazón, jamás pensará así. La Palabra nos dice que al aceptar al Señor, somos sellados con el Espíritu Santo. El Espíritu Santo dentro de nosotros, comenzará a trabajar en todo nuestro ser. Cuando vengan malos pensamientos y tentaciones del viejo hombre, el Espíritu Santo nos redargüirá. Podrán llegar momentos en que nos descuidemos y caigamos en el error. El que esto suceda no significa que lo hayamos hecho porque pensemos que eso no importa, porque a la larga seremos perdonados. Eso podría suceder porque todavía estamos en este cuerpo, y tenemos que continuar batallando con todas estas cosas malignas. Si caemos en algún pecado por descuido, nuestro Señor Jesucristo está listo para ayudarnos a salir de ese pecado, y si pedimos perdón en el nombre de Jesucristo, seremos perdonados. Esto tampoco implica que no pagaremos aquí en la tierra las consecuencias del pecado. Creo que esta es la parte que algunos ministros no han logrado comprender, es decir, que pagaremos las consecuencias del pecado, aunque seamos perdonados por Dios. Estas son dos cosas completamente diferentes: el perdón que recibimos de Dios, y la paga de las consecuencias del pecado.

Mientras estemos vivos, involuntariamente podríamos caer en varias ocasiones, pero lo importante es no quedarnos caídos. No importa cuántas veces caigamos, Jesucristo está listo para ayudarnos a levantar. Sé que a muchos ministros no les gusta predicar sobre la salvación de esta manera, pero así es que nos la presenta la Biblia. Si yo pienso que al predicar esto así, estoy estimulando al cristiano a pecar, entonces estoy diciendo que el Espíritu Santo que inspiró las escrituras está equivocado. Yo estaría diciendo que mi forma es mejor y más efectiva que la del Espíritu Santo.

Ministros, hermanos, no importa cuánto hayamos estudiado la Palabra, y cuántos diplomas tengamos, jamás podremos comparar nuestro conocimiento con la sabiduría de Dios, con la revelación del Espíritu Santo a través de la Biblia.

Para resumir, recuerda que la salvación y todas sus diferentes partes o manifestaciones, tales como la santificación, redención, reconciliación, justificación, regeneración, etc., ocurren de dos maneras, que son la instantánea y la procesal. Tanto la salvación como todas sus partes señaladas anteriormente, ocurren instantáneamente en el momento en que aceptamos a nuestro Señor Jesucristo. Cuando esta salvación ocurre instantánea, le llamamos salvación eterna. La salvación procesal es la que yo llamo salvación terrenal, porque ocurre mientras estamos con este cuerpo aquí en la tierra. Esta salvación terrenal es la que depende de cómo vivamos u obedezcamos al Señor. La salvación eterna no depende de la salvación terrenal; es gratuita, es un regalo y no es por obras.

Que el Señor les bendiga y les ayude a digerir esta palabra. Amén.

CAPITULO IV

MENSAJE A MINISTROS

Introducción: Los Pozos de Agua de Isaac

"Bienaventurados los pacificadores, porque ellos serán llamados hijos de Dios". San Mateo 5:9

En diversas ocasiones no entendemos, por qué nos suceden tantas cosas aparentemente negativas, y entonces buscamos a quién culpar. Diferentes situaciones nos parecen negativas, y luego nos damos cuenta que es la forma como Dios actúa para brindarnos las mejores oportunidades para nuestro crecimiento espiritual. Muchas veces estos momentos, experiencias negativas o pruebas, pueden ser preludios de una gran bendición.

Génesis 26:17-33 nos narra la experiencia vivida por Isaac al volver a cavar los pozos de agua que habían sido abiertos en los días de Abraham, en el Valle de Gerar. Abrió el primero y se lo quitaron los pastores de Gerar. Abrió el segundo y se lo quitaron también. Luego abrió un tercer pozo y no riñeron sobre él. Más tarde, la gente de Gerar supo que Jehová estaba con Isaac, fueron donde él y se disculparon. Isaac les hizo banquete y unidos juraron mantener la paz entre ellos.

En esta experiencia vivida por Isaac, no es fácil aceptar y comprender, cómo una persona puede soportar tanto abuso sin rebelarse. Hay que estar verdaderamente dirigido por el Señor para no comenzar a pelear por lo que nos pertenece, lo cual sería aceptado humanamente. No es lo mismo que uno encuentre algo ya hecho y lo reclame, a que uno mismo lo haya hecho o construido y venga alguien a quitárselo. En la primera y segunda experiencias, donde le quitaron los pozos, cualquier persona común y corriente exclamaría que Dios no está con ella y se rebelaría inmediatamente. Fue luego de la excavación del tercer pozo llamado Rehobot que no hubo más riñas. Entonces Jehová se apareció a Isaac cuando subió de Gerar a Beerseba y le prometió bendecirle. Creo que Dios estaba observando a Isaac para ver hasta dónde podía soportar, es decir, quería probar su paciencia. Aquí se cumple la escritura que dice que, después de la tormenta viene la calma... viene la paz.

Si has conocido al Señor y le has dado tu vida, no importa la condición en que te encuentres, mantén tu fe en el Señor. En su momento, Él te librará y premiará tu paciencia y tu fe. No olvides el caso de Isaac y sus pozos. Recuerda cómo, a pesar de las malas experiencias que tuvo, continuó y luego fue bendecido por el Señor. Sigue hacia delante, aunque estés en pruebas y dificultades y el Señor te bendecirá a ti también. Amén.

El Evangelio de Jesucristo no se Vende

> *"Ninguno puede servir a dos señores; porque o aborrecerá al uno y amará al otro, o estimará al uno y menospreciará al otro. No podéis servir a Dios y a las riquezas".* San Mateo 6:24

Jesucristo pagó un alto precio por nuestra salvación eterna en la cruz del Calvario. Es penoso escuchar el bajo concepto que tienen algunos ministros sobre la salvación eterna. He escuchado comparar las iglesias locales con Kentucky Fried Chicken y Burger King, con el sólo propósito de reclamar dinero de los hermanos que asisten a dichas iglesias locales. Siempre me he expresado a favor de la máxima cooperación financiera para sostener los ministerios. Esto es necesario hacerlo, pero otra cosa es vender el mensaje del evangelio como pollo frito o hamburguesas. Eso de, "si comes en Burger

King no vas a pagar en Kentucky Fried Chicken", no cuadra con el evangelio de nuestro Señor Jesucristo. Como dije al principio, nosotros no tenemos que pagar nada, sólo tenemos que creer en nuestro Señor Jesucristo y recibirle en nuestro corazón como nuestro único y exclusivo Salvador.

Aconsejo a ministros para que tomen más en serio el evangelio de nuestro Señor Jesucristo. Si el Señor te llamó, ten confianza y fe, que Él suplirá lo necesario sin necesidad de estar inventando "Slogans" o "jingles" (lemas). Creo que lo que se desea comunicar con este dicho, se podría hacer en una forma más elegante a nivel de la Palabra de Dios. Si has querido ministrar con una mentalidad de vendedor de pollo frito y hamburguesas, te recomiendo que le pidas al Señor que te llame al ministerio, si en realidad lo deseas de corazón. Si no lo sientes así, sería mejor que te fueras a vender pollos fritos y hamburguesas. Por favor no hagas daño al evangelio de nuestro Señor. Amén.

La Ambición Material y de Poder

Desde antes de la creación humana, ha existido la ambición.

Lucifer se enaltece

Isaías escribe refiriéndose a la ambición de Lucifer en el capítulo 14:13-14.

> *"Tú que decías en tu corazón: Subiré al cielo; en lo alto, junto a las estrellas de Dios, levantaré mi trono, y en el monte del testimonio me sentaré, a los lados del norte; sobre las alturas de las nubes subiré, y seré semejante al Altísimo"*. Isaías 14:13-14

En este pasaje bíblico, Isaías hace una descripción de Satanás desde antes de su caída. Lucifer, "estrella de la mañana" fue su nombre, pero se enalteció y su ambición lo hizo exclamar, "subiré al cielo". Lucifer quiso independizarse de Dios y llegar a ser semejante a Él. También tenemos que reconocer el poder persuasivo de Lucifer, cuando logró convencer a una gran cantidad de ángeles para que se rebelaran junto con él.

Creo que este es el mejor ejemplo que podemos encontrar en la Biblia, que nos advierte sobre el cuidado que debemos tener para no enaltecernos. Por más bendiciones que recibamos del Señor, y por más grande que sea el ministerio que él nos encomiende, no debemos olvidar de quién dependemos.

Ambición humana

El caso de Adán y Eva es el primer caso de ambición humana. Eva aceptó escuchar y obedecer a Satanás antes que a Dios.

> *"Entonces la serpiente dijo a la mujer: No moriréis; sino que sabe Dios que el día que comáis de él, serán abiertos vuestros ojos, y seréis como Dios, sabiendo el bien y el mal. Y vio la mujer que el árbol era bueno para comer, y que era agradable a los ojos, y árbol codiciable para alcanzar la sabiduría; y tomó de su fruto, y comió; y dio también a su marido, el cual comió así como ella".* Génesis 3:4-6

El mayor error de Eva fue aceptar y participar de una conversación con Satanás. Por cuanto Dios creó al hombre a su imagen y semejanza, desde el principio hemos tenido el <u>libre albedrío</u> para poder escoger entre obedecer o desobedecer. Por un lado tenemos <u>el alma</u>, la cual posee los deseos de la <u>carne</u>. Los deseos de la carne contienen la <u>concupiscencia</u>, que nos hala hacia las cosas pecaminosas. Dios nos dotó de la <u>conciencia</u>, que es la parte del espíritu del hombre, la cual se mantiene activa aún antes de aceptar al Señor. Esta conciencia es la que nos permite diferenciar entre lo bueno y lo malo.

Eva se dejó seducir y deseó, ambicionó ser semejante a Dios, conociendo el bien y el mal. Algo que nos debe preocupar es la tendencia a seguir o a imitar las cosas malas. Estos deseos son las consecuencias de los deseos carnales. De esta manera entró el pecado y la desobediencia en los seres humanos. Al desobedecer, todo ese poder que Dios había depositado y confiado en el hombre pasó a manos o a propiedad de Satanás. El hombre le cedió todo, por eso es que a Satanás se le denomina como el príncipe de este mundo.

El egoísmo

Luego de la caída del hombre, Adán y Eva tienen dos hijos, Caín y Abel. Las escrituras nos muestran diferentes actitudes en estos dos hermanos.

> *"Y aconteció andando el tiempo, que Caín trajo del fruto de la tierra una ofrenda a Jehová. Y Abel trajo también de los primogénitos de sus ovejas, de lo más gordo de ellas. Y miró Jehová con agrado a Abel y a su ofrenda".* Génesis 4:3-4

Los dos llevaron ofrenda a Jehová, pero las actitudes fueron diferentes. Caín llevó su ofrenda por cumplir, pero Abel llevó lo mejor para complacer al Señor. La Palabra nos narra que Jehová miró a Abel y su ofrenda con agrado, pero no así la de Caín. Caín se enojó, pero en Génesis 4:6-7, Jehová le ofrece a Caín la oportunidad de arrepentirse y hacer lo correcto, pero él no lo hizo así.

El pecado de Caín aquí, comienza con su ambición de retener lo mejor para él, y su falta de reverencia a Dios. Para Abel, Jehová era lo máximo y así lo demostró, pero Caín sólo pensó en cumplir con algo.

La avaricia

Luego de Abram haber salido de su tierra y su parentela llevando consigo a su sobrino Lot, éstos se enriquecieron grandemente. Debido a su crecimiento material, Abram le propone a Lot separarse y le da a escoger la tierra que desee.

> "*¿No está toda la tierra delante de ti? Yo te ruego que te apartes de mí. Si fueres a la mano izquierda, yo iré a la derecha; y si tú a la derecha, yo iré a la izquierda*". Génesis 13:9

Lot escogió la llanura y fue poniendo sus tiendas hasta Sodoma. A veces es difícil entender a los hombres que verdaderamente se dejan dirigir por Dios. Abram, que prácticamente era el dueño, en lugar de escoger él le cedió el derecho a Lot. Inmediatamente que Abram se aparta de Lot, Jehová le da toda la tierra de Canaán y le promete posteridad natural. Esto nos debe servir para entender que cuando estamos dirigidos por Dios, aunque algunas de nuestras decisiones aparenten ser tontas, no lo son. Aparentemente Lot escogió lo mejor, pero eso mismo lo guió al fracaso. Su ambición por las riquezas lo llevó a habitar con la gente mala de Sodoma. El final de Lot fue tener que salir de Sodoma bajo la ira de Jehová, su esposa desobedeció y miró hacia atrás y quedó convertida en estatua de sal (Génesis 19:26). Luego dos hijas de Lot concibieron de él (Génesis 19:36).

Este es otro ejemplo del fruto de la ambición.

El engaño

El pueblo de Israel había salido de Egipto y en el camino tuvieron algunas batallas en las cuales vencieron. Cuando acamparon frente a Jericó, Balac, rey de Moab temió ser invadido por Israel y pidió a Balaam maldecirles. Balaam consultó a Jehová y Jehová le dijo que no les maldijese porque Israel es un pueblo bendito. Con todo esto, Balaam continuó tratando de cumplir con el pedido de Balac de diferentes maneras. Como Balaam vio que no podría maldecir a Israel, entonces le dio una idea a Balac para vencer a Israel.

> *"Moraba Israel en Sitim; y el pueblo empezó a fornicar con las hijas de Moab"*. Números 25:1
> *"He aquí, por consejo de Balaam ellas fueron causa de que los hijos de Israel prevaricasen*[1] *contra Jehová"*. Números 31:16ª

Esta narrativa nos confirma que es posible que un hombre usado por Dios, venda su ministerio por el amor al dinero. Balaam pensó que no haría directamente lo que Balac le pidió hacer y Jehová se lo prohibió, pero lo haría indirectamente.
Esta narración debe servir como ejemplo o advertencia a Ministros manipuladores que les gusta estar buscando estrategias para lograr sus ambiciones o fines.

El aguijón de Pablo
De la experiencia del apóstol Pablo, podemos aprender mucho sobre este tema.

> *"Y para que la grandeza de las revelaciones no me exaltase desmedidamente, me fue dado un aguijón en mi carne, un mensajero de Satanás que me abofetee, para que no me enaltezca sobremanera; respecto a lo cual tres veces he rogado al Señor, que lo quite de mí. Y me ha dicho: Bástate mi gracia; porque mi poder se perfecciona en la debilidad"*. 2 Corintios 12:7-9ª

Aquí podemos ver que al comienzo de estas experiencias, el apóstol Pablo no podía reconocer el

---

[1] ***Prevaricar***: Faltar uno a sabiendas a la obligación del cargo que desempeña, quebrantando la fe, palabra, religión o juramento (Diccionario VOX, pág. 1277).

propósito de aquel aguijón. Luego de haber rogado tres veces al Señor para que le librara de aquel tormento, recibió la revelación del propósito de Dios. Era tanta la grandeza de las revelaciones que Pablo había recibido, que en su infinita misericordia, el Señor le permitió aquel aguijón. Ese aguijón recordaría a Pablo que él no era autosuficiente, que dependía de Dios. El Señor quería cuidar a Pablo de no enaltecerse con la acción de aquel mensajero de Satanás. Esto nos debe servir de ejemplo para cuando surjan situaciones desagradables en nuestra vida, tener fe en que el Señor está al tanto de todo y permite lo que nos conviene, aunque no podamos entenderlo.

Los nicolaítas

Existen varias ideas sobre quiénes eran los nicolaítas. No existe mucha información sobre este grupo de personas, pero han sido formuladas algunas teorías. Algunos creen que eran los discípulos de un tal Nicolás no identificado. Otros opinan que este grupo era un orden sacerdotal o clero que dividió en sacerdotes y laicos a la iglesia de Jesucristo. Sin importar quienes eran, sus obras o doctrinas son condenadas en el libro de Apocalipsis. Esta división se hizo estableciendo estratificación, clases o castas, y jerarquía, que significa poder y dominio entre los dos grupos. Los sacerdotes serían parte de un grupo superior a los laicos, y estarían sobre éstos por ser inferiores. El Señor se expresa en contra de esta acción abusiva, manipuladora y egoísta.

> *"Pero tienes esto, que aborreces las obras de los nicolaítas, las cuales yo también aborrezco".* Apocalipsis 2:6

Este mensaje de aceptación es dirigido a la iglesia de Éfeso. Esta acción se les reconoce como un buen atributo y se les exhorta a continuar sosteniéndola.

"Y también tienes a los que retienen la doctrina de los nicolaítas, la que yo aborrezco". Apocalipsis 2:15

Esta es una de las principales cosas negativas que el Señor señala a la iglesia de Pérgamo. También los amonesta por practicar la doctrina de Balaam, que enseñaba a Balac a poner tropiezo ante los hijos de Israel.

Estas acciones son condenadas por el Señor, porque en el cuerpo de Cristo, que es la iglesia, hay unos dones y ministerios que son de mayor responsabilidad que otros, pero esto no otorga superioridad alguna o grandeza a los que son llamados a ejercer dichos ministerios. Todo don y ministerios son dados para la edificación del cuerpo de Cristo, o sea para la iglesia. Como nos dice nuestro Señor Jesucristo en San Mateo 20:26, estos dones o ministerios no nos dan el derecho a declararnos superiores y a enseñorearnos de los demás miembros del cuerpo. El que quiera hacerse grande, será el servidor de los otros miembros. Puede ser un poco difícil entender, que aunque unos sean llamados a ejercer dones y ministerios con mayor responsabilidad que otros, esto no nos separa en diferentes clases, es decir, que no existe estratificación y tampoco implica o establece algún tipo de jerarquía como sucede en el mundo secular.

En los ejemplos que paso a señalar, podemos ver que la idea de la división hecha por los nicolaítas no fue algo nuevo. La idea de los seres humanos de querer estar por encima de los demás, no es nada nueva. Podemos ver manifiesta esta actitud desde la rebelión de Lucifer, relatada en Isaías 14:13-14; el caso de la desobediencia de Adán y Eva (Génesis 3:4-6), para querer saber como Dios; la construcción de la Torre de Babel (Génesis 11:3), y en tantos otros ejemplos del Antiguo Testamento.

En la dispensación de la gracia en el Nuevo Testamento, podemos ver que este deseo humano de la carne continúa aún en los apóstoles y en los discípulos de nuestro Señor Jesucristo.

A veces a nosotros los humanos se nos hace difícil entender los pensamientos de Dios. Muchas ideas del Señor nos pueden parecer injustas o diferentes a nuestro criterio. Esto es expresado en Isaías 55:8-9:

> *"Porque mis pensamientos no son vuestros pensamientos, ni vuestros caminos mis caminos, dijo Jehová. Como son más altos los cielos que la tierra, así son mis caminos más altos que vuestros caminos, y mis pensamientos más que vuestros pensamientos".*

Además del ejemplo de ejercer posiciones y ministerios más elevados que otros, y permanecer en la misma categoría y nivel jerárquico, hay otros ejemplos. En la parábola de los obreros de la viña en San Mateo 20:1-16, encontramos otro de estos ejemplos de la justicia del Señor, que no es compatible con nuestra forma de pensar.

> *"Y al venir los que habían ido cerca de la hora undécima, recibieron cada uno un denario. Al venir también los primeros, pensaron que habían de recibir más; pero también ellos recibieron cada uno un denario".* San Mateo 9-10

Esta parábola refleja lo expresado anteriormente. Los que comenzaron a trabajar primero, pensaron en la forma lógica humana, que recibirían más que los que comenzaron más tarde, pero <u>no fue así, sino que todos recibieron igual pago</u>.

De igual manera, muchos de los que ejercen dones y ministerios de mayor responsabilidad, creen y desean estar en un "status" o posición de mayor envergadura o privilegio en el cuerpo de Cristo, pero la Palabra nos enseña que no es así. Sin importar el ministerio que ejerzamos, todos somos miembros del cuerpo de Cristo, con el mismo valor ante los ojos del Señor. Lo importante es que ejerzamos el ministerio al que hayamos sido llamados con la mayor responsabilidad y dedicación posibles.

Al no existir jerarquías ni estratos sociales divisorios entre los cristianos, no implica que el que verdaderamente trabaja fuerte en la iglesia no sea reconocido.

> *"Os rogamos, hermanos, que reconozcáis a los que trabajan entre vosotros, y os presiden en el Señor, y os amonestan; y que los tengáis en mucha estima y amor por causa de su obra. Tened paz entre vosotros".* 1 Tesalonicenses 5:12-13

> *"Los ancianos que gobiernan bien, sean tenidos por dignos de doble honor, mayormente los que trabajan en predicar y enseñar".* 1 Timoteo 5:17

Aplicando o relacionando todo lo expresado anteriormente con los hechos de nuestros días presentes, podemos ver que este deseo de la carne continúa igual. Hoy día tenemos los mismos nicolaítas del pasado, reclamando derechos, posiciones y privilegios sobre los demás miembros de la iglesia. Con sus tácticas y manipulaciones, estos ministros hacen creer a la feligresía que ellos están en un nivel superior a los demás, y que por esa razón merecen un trato especial. Estos nicolaítas, catalogados así en diferentes épocas debido a sus creencias y formas de proceder, siempre han querido enseñorearse y tomar ventajas de los demás.

Aunque la idea estaba latente en sus corazones, fue en el siglo VI que lograron desenterrar la ley de los diezmos perteneciente a la dispensación de la ley del Antiguo Testamento. Creyéndose superiores, lograron legalizar la ley del diezmo. Esto fue un logro, del cual difícilmente se desprenderán los que lo apoyan.

Nuestro Señor Jesucristo no sólo se expresó en contra de los seguidores de la doctrina Nicolaíta en Apocalipsis 2:6 y 2:15, sino en todo su evangelio. Aunque no menciona el nombre "nicolaítas" explícitamente, está implícito en el contenido de su mensaje.

> *"Entonces él se sentó y llamó a los doce, y les dijo: Si alguno quiere ser el primero, será el postrero de todos, y el servidor de todos".* San Marcos 9:35

La condición humana carnal de querer o desear estar por encima de los demás, es como una lepra que consume y corrompe espiritualmente. En mi opinión, este es uno de los peores enemigos de la vida saludable que agrada a Dios. Jesús podía percibir esta tendencia o debilidad del carácter humano perteneciente a la carne. Su predicación, enseñanza o ministración siempre estuvo en contra de todas estas tendencias pecaminosas.

> *"Juan le respondió diciendo: Maestro, hemos visto a uno que en tu nombre echaba fuera demonios, pero él no nos sigue; y se lo prohibimos, porque no nos seguía".* San Marcos 9:38

De una u otra forma en la Biblia encontramos las instrucciones para nuestro funcionamiento como cristianos, tanto ministros como discípulos. Nunca he escuchado a algún predicador exponer su mensaje con base en esta escritura. Aquí nuestro Señor Jesucristo continúa enseñando a sus discípulos sobre su doctrina. Jesús puede penetrar el corazón de aquellos discípulos y descubrir que aquel celo espiritual que pretenden mostrar, en realidad son deseos de poder sobre los demás hermanos. Aquí nuestro Señor desecha el sectarismo y establece o declara la libertad de expresión y acción de cada creyente. La Palabra demanda estar sujeto a los pastores, pero entiendo que esto debe ser cuando ese pastor está pastoreando en verdad. El Señor no te pide que tienes que estar sujeto a un pastor corrompido. Como se expresa en este estudio sobre los Nicolaítas, el pastor es llamado a pastorear, pero eso no les hace una clase separada a quien hay que obedecer ciegamente. La Palabra te señala que hay que escudriñarlo todo y escoger lo bueno. También se nos da como ejemplo la conducta de los bereanos. Pablo iba a Berea y les predicaba, y la Palabra nos dice que luego que Pablo se apartaba, ellos analizaban lo dicho por Pablo para ver si concordaba con las escrituras que ellos poseían. Jesús les contestó a sus discípulos:

> *"Pero Jesús dijo: No se lo prohibáis; porque ninguno hay que haga milagro en mi nombre, que luego pueda decir mal de mí".* San Marcos 9:39

En San Mateo 20:25-27, Jesús continúa exhortando a los discípulos sobre la forma en que ellos debían vivir y comportarse.

> *"Entonces, Jesús llamándolos, dijo: Sabéis que los gobernantes de las naciones se enseñorean de ellas, y los que son grandes ejercen sobre ellas potestad. Mas entre vosotros no será así".*
> San Mateo 20:25-26ª

Jesús sigue diciéndoles que lo que ocurre en el mundo no debe ocurrir entre ellos. Él les recalca que el camino a la excelencia del cristiano es el amor y la humildad. Los cristianos tenemos que vivir en forma diferente al resto del mundo. Nuestras expectativas deben ser de carácter eterno y no simplemente de dominio de unos sobre los otros aquí en la tierra. Nuestro Señor nos dio el ejemplo con su vida entre nosotros, su sacrificio en la cruz del

Calvario y su función como sumo sacerdote, intercesor por nosotros ante el Padre.

> *"Pero vosotros no queráis que os llamen Rabí; porque uno es vuestro Maestro, el Cristo, y todos vosotros sois hermanos".* San Mateo 23:8

Son muchas las escrituras que recalcan esa igualdad entre los cristianos, sin importar los dones ni ministerios que el Espíritu Santo nos haya confiado. El ministro que conociendo estas escrituras continúe con su deseo y lucha por ocupar posiciones privilegiadas por satisfacer su ego, practica la doctrina de los nicolaítas. Hay momentos en que un ministro puede ser usado en un lugar de prominencia por el Espíritu Santo, pero cuando esto ocurre, ese ministro está en lo correcto. No es lo mismo llegar a unas posiciones y logros haciendo uso de manipulaciones humanas, que cuando es mediante la voluntad del Señor. Aún cuando sea por voluntad del Señor, ese ministro agraciado continúa siendo igual ante los ojos de Dios, y aunque le es requerida una función de mayor responsabilidad, sigue siendo un hermano al igual que el que realiza la función más sencilla.

Apacienta Mis Corderos y Ovejas

> *"¡Ay de vosotros, escribas y fariseos, hipócritas! porque recorréis el mar y tierra para hacer un prosélito, y una vez hecho, le hacéis dos veces más hijo del infierno que vosotros".* San Mateo 23:15

Dura palabra expresada por nuestro Señor dirigida a los religiosos de aquella época. Escribas y fariseos muy celosos por la ley, por su cumplimiento en cuanto a las cosas externas o apariencias. Gran parte del ministerio de Jesús fue usado para reprender y emitir juicio contra los religiosos hipócritas de aquella época. En la porción bíblica de San Mateo 23, Jesús se está refiriendo al empeño de los religiosos en hacer prosélitos, o como diríamos nosotros hoy día, lograr que las personas se conviertan al Señor. El asunto tratado aquí por Jesús es sobre la clase de enseñanza que impartiremos a esos prosélitos o nuevos convertidos. ¿Tendremos hoy día el mismo problema o deficiencia de aquella época? ¿Cuál es nuestra motivación o propósito al tratar de que la gente llegue a "los caminos del Señor"? ¿Cuál será nuestro genuino o verdadero interés?

Hermanos, esto es algo muy serio. El Señor nos pedirá cuentas en aquel día. Nuestra motivación al predicar el evangelio de nuestro Señor Jesucristo debe ser la salvación de las almas. No debemos estar tratando de atraer gente a nuestra iglesia local, con el propósito de satisfacer nuestra carne, nuestro ego. Nuestra prioridad no debe ser el deseo de colocar nuestro nombre en las primeras planas y de recibir elogios por la cantidad de miembros de nuestra iglesia local, y tampoco el tener grandes templos y muchas propiedades. Si verdaderamente, por alguna razón el Señor se ha placido en darnos esas cosas, ¡gloria a Dios! Si hemos logrado las cosas anteriores usando estrategias y manipulaciones humanas, es casi seguro aceptar que muchas personas han sido heridas, sacrificadas.

Una vez que han aceptado al Señor, muchas personas abandonan las iglesias al enfrentarse a una serie de experiencias negativas. Algunos no quieren saber más de "los cristianos" y jamás regresan. Los ministros causantes de que estas situaciones ocurran, tendrán que responder ante el tribunal de Cristo. Estas almas no sólo se apartan sino que a veces se convierten en "predicadores" y testigos en contra del cristianismo.

Hay un gran número de personas que aceptan "al Señor", en esa congregación y logran adaptarse e integrarse a sus formas y prácticas. A estos últimos es que se refiere nuestro Señor Jesús en San Mateo 23:15.

Estos son los que aprenden las malas prácticas de sus líderes y a veces hasta los superan. Por esto Cristo dice: *"y una vez hecho, le hacéis dos veces más hijo del infierno que vosotros"*. San Mateo 23:15[b].

Repito que es palabra dura, pero verdadera. Hay personas que a veces se acercan a la iglesia con un verdadero y profundo deseo de servir al Señor, pero los malos ejemplos de ministros inescrupulosos los dañan. Estos comienzan a caer en la adicción a la adulación, a querer sobresalir y ser vistos y admirados por los demás. Compran posiciones y en ocasiones hasta ministerios, con dinero, servicios prestados y otros. Los ministros inescrupulosos se aprovechan de la debilidad y la ambición de estas personas, y al igual que en el pasado se vendían indulgencias, etc., hoy venden todas las cosas mencionadas anteriormente. Muchos de estos falsos ministros, en realidad fraudulentos, nunca fueron llamados por Dios al ministerio, pero debido a su conocimiento de la Palabra y su capacidad persuasiva, logran llegar aún a altas posiciones. Sobre este tipo de ministros nos dice la Palabra de Dios:

> *"Y entonces les declararé: Nunca os conocí; apartaos de mí, hacedores de maldad".* San Mateo 7:23

Ministros y hermanos, busquemos al Señor en espíritu y en verdad, esta vida es pasajera y si en verdad hemos sido llamados a ministrar a las almas, hagámoslo para la gloria y la honra de nuestro Señor. Apartémonos de avaricias y todo deseo de reconocimiento personal, no olvidemos que Jesucristo es el Señor. Amén.

Todo es Vanidad

Salomón, hijo de David, y Betsabé, ex-mujer de Urías heteo, fue el tercer rey de Israel. Antes de su nacimiento, Dios lo había designado sucesor de David.

"He aquí te nacerá un hijo, el cual será varón de paz, porque yo le daré paz de todos sus enemigos en derredor; por tanto, su nombre será Salomón, y yo daré paz y reposo sobre Israel en sus días". 1 Crónicas 22:9

En sus comienzos, Salomón vivió una vida recta delante de Jehová. Él iba sólo a los lugares altos, especialmente a Gabaón, que era el lugar alto principal, donde sacrificaba mil holocaustos y quemaba incienso. Aunque era muy joven, hizo lo bueno delante de Jehová. Una noche Jehová se le apareció en sueños y le dijo:

"Pide lo que quieras que yo te dé". 1 Reyes 3:5[b]

Sería interesante conocer nuestra respuesta a ese ofrecimiento. Creo que muchos optarían por riquezas y poder, que son las cosas más deseadas por el corazón humano. Salomón humildemente expresa su sentir a Dios sobre su agradecimiento por haberle escogido para rey y sobre su responsabilidad para con ese pueblo. Salomón reconoció ante Jehová que su llamado era grande, que Israel era un pueblo inmenso. Confiesa a Jehová que necesita de Él para poder dirigir a aquel pueblo. Entonces hace su petición a Jehová.

"Da, pues, a tu siervo corazón entendido para juzgar a tu pueblo, y para discernir entre lo bueno y lo malo". 1 Reyes 3:9[a]

Jehová vio el corazón sincero y sin egoísmo de Salomón y se alegró mucho. Le concedió todo lo que Salomón le pidió, y también lo que no le pidió.

"Y aun también te he dado las cosas que no pediste, riquezas y gloria, de tal manera que entre los reyes

ninguno haya como tú en todos tus días". 1 Reyes 3:13

Fue grande la gloria, las riquezas, la sabiduría y todo lo relacionado con Salomón y su reinado. Fue un gran impulso de la literatura israelita. Coleccionó, ordenó, y compuso miles de proverbios. Fue reconocido en su época por su sabiduría, riquezas y todo tipo de bendición de parte de Dios.

Poseer muchas riquezas y poder corrompen al ser humano y Salomón era un ser humano. El primer libro de Reyes 9:20-22 y 2 Crónicas 8:1-18 narra cómo Salomón esclaviza a los que no eran israelitas, sometiéndolos a trabajos pesados y a pagar tributos. Salomón recibía riquezas de todo lugar de la tierra.

Podemos apreciar gran parte de la sabiduría de Salomón en sus dichos sentenciosos. Para mí, el libro de Eclesiastés representa la etapa de la vida de Salomón donde surge la depresión. Él reconoce que tener tanta sabiduría, riquezas, mujeres, poder y todo lo que podamos imaginar, es sólo vanidad. Creo que este estado depresivo de Salomón nos puede servir para entender que no hay nada en este mundo que se pueda comparar con la comunión con Dios. Salomón nos presenta muchas de las situaciones de la vida en una forma tan clara, tan detallada, que al final de la lectura de Eclesiastés, podemos sentir paz en nuestras almas. La lectura de este libro nos libera de ansiedades, porque aquí entendemos que no importa lo que podamos poseer o hacer, nada se compara con el amor de Dios. Un detalle muy importante en Eclesiastés es que el autor de este libro no está hablando de teorías, sino que todo ha sido vivido por él.

Pido a Dios que la lectura de Eclesiastés nos sirva para poner nuestra mirada en las cosas de arriba, pasando a un lugar secundario las cosas materiales que perecen. Despojémonos de ansiedades, de luchas por tener y tener más y más cosas materiales, y busquemos la comunión con nuestro Padre Celestial. Amén.

El Llamado Ministerial

Cuando el Señor te llama a ejercer algún ministerio específico, no significa que no tendrás obstáculos en el camino.

> *"Y decía a todos: Si alguno quiere venir en pos de mí, niéguese a sí mismo, tome su cruz cada día, y sígame".* San Lucas 9:23

Aquí el Señor no te está prometiendo prosperidad material alguna como a hijo de un rey. En esta escritura el Señor te está aclarando o advirtiendo sobre las dificultades que atravesaremos al seguirle a Él. Nótese que Él no dice que quizás tendrás que tomar tu cruz, Él te dice que la tomes si quieres seguirle. Estas aseveraciones suenan un poco diferentes a lo que se escucha en algunas predicaciones. Como seres humanos, nos gusta que nos digan cosas lindas, agradables para nuestra carne aquí en la tierra, pero eso no es lo que encontramos en las escrituras. El Señor sí nos promete salvación, vida eterna, galardones, etc., pero eso será una realidad cuando estemos con Él en gloria.

Recuerdo hace varios años, que cuando alguien comenzaba algún proyecto de un ministerio y surgían dificultades, se le insinuaba al ministro que posiblemente eso no era de Dios. Muchos cristianos asumían que cuando un proyecto era de Dios, no surgirían muchos obstáculos. Gracias al Señor, podríamos decir que prácticamente esa forma de pensar ha sido erradicada del ámbito cristiano.

> *"Y he aquí que se levantó en el mar una tempestad tan grande que las olas cubrían la barca; pero Él dormía".* San Mateo 8:24

En esta escritura encontramos que aún estando Jesús presente, se levanta una terrible tempestad en el mar. Personalmente creo que esa tormenta fue causada por la voluntad de Jesús para inculcar una enseñanza en los discípulos. ¿Por qué teméis hombres de poca fe? Esta fue la respuesta del Señor a los asustados discípulos.

> *"Entonces, levantándose, reprendió a los vientos y al mar; y se hizo grande bonanza".* San Mateo 8:26b

Esta experiencia marcó a aquellos discípulos de tal manera que se maravillaron del poder de Jesús. Seguramente la fe en el Señor aumentó en gran medida en aquellos hombres.

> *"Y ya la barca estaba en medio del mar, azotada por las olas; porque el viento era contrario".* San Mateo 14:24

En estos momentos los discípulos se encuentran en medio del mar, a punto de perecer. Están allí obedeciendo al Señor que los hizo entrar en aquella barca e ir delante de Él. Creo que este ejemplo debe ser suficiente para entender que el mero hecho de haber sido enviado por el Señor, no nos librará de peligros y dificultades. Sólo tenemos que depositar nuestra fe y confianza en que el que nos envió, cuidará de nosotros. Una vez más, estos discípulos encuentran que para el Señor todo es posible, y que aunque surjan momentos difíciles en nuestras vidas, el Señor está con nosotros y conoce nuestra situación. Es necesario que todas estas cosas acontezcan para que crezca nuestra fe y confianza en el Señor.

Los apóstoles murieron asesinados de diferentes maneras, menos Juan, que murió anciano, desterrado en la isla de Patmos. No pretendo ser negativo con relación a la Palabra de Dios, pero creo que los ministros debemos ser honestos y no tratar de engañar con zalamerías. El camino del evangelio no es ningún lecho de rosas, pero hay que aclarar que el Señor estará con nosotros y grande será la recompensa para quien obedezca.

Nuestro Señor Jesucristo es el ejemplo perfecto de una vida apartada para Dios. Él sufrió por nuestros pecados hasta morir crucificado en la cruz del Calvario. Esto no significa que para tener la salvación eterna tengamos que hacer algo. La salvación eterna la recibimos completamente gratis al aceptar a Jesucristo como nuestro único y exclusivo Salvador. Esta salvación eterna es un regalo para nosotros, pero el Señor pagó un alto precio sufriendo por el pecado de toda la humanidad hasta morir en la cruz.

Son muchos los ejemplos bíblicos que podría citar sobre este asunto. Si estudiamos los diferentes personajes bíblicos que fueron llamados a ejercer un ministerio por el Señor, hallaremos que pasaron momentos difíciles durante el ejercicio de dicho ministerio. El estudio de este tema tiene como propósito hacerte entender, que aunque tengas que pasar por tiempos de amargura y dificultad, no debes pensar que si el Señor te llamó, luego te ha abandonado. Continúa hacia delante en tu ministerio, sin importar los obstáculos que surjan. Amén.

Juzgar... No, Acusar... No, Señalar... Sí

Uno de los propósitos del "Ministerio Liberando al Cautivo, Inc.", es señalar herejías y todo tipo de prácticas erróneas o fraudulentas en la iglesia de Jesucristo en el día de hoy. Este señalamiento, amorosamente pretende lograr el arrepentimiento de parte del que está en error. Deseamos cumplir con una de las encomiendas de nuestro Señor Jesucristo, "cuidar las ovejas". Si nos arrepentimos y pedimos perdón a Dios en el nombre de nuestro Señor Jesucristo, Él nos perdona. Cuando señalamos errores o prácticas incorrectas, si los ministros aludidos no han sido ya entregados a espíritus de error, podrán ser redargüidos por el Espíritu Santo y corregir su falta.

Es muy fácil y no requiere esfuerzo alguno buscar un par de citas bíblicas y sacarlas de su contexto para taparnos de algún señalamiento que nos concierne o que nos afecta directa o indirectamente. Hay una gran diferencia en juzgar o acusar a alguien sobre asuntos de su propia persona, de su fe, etc., pero señalar el daño que están causando a otros, y en especial al pueblo de Dios es otra cosa. No es agradable a Dios, que se esté juzgando a otros viciosamente sin un verdadero fundamento, pero cuando hay otras personas afectadas y en especial la iglesia de Cristo ya este es otro asunto. Aquí sí que hay que intervenir, aunque algunos se molesten y se enojen. Mejor es obedecer a Dios antes que a los hombres.

> *"Es verdad que ninguna disciplina al presente parece ser causa de gozo, sino de tristeza; pero después da fruto apacible de justicia a los que en ella han sido ejercitados".* Hebreos 12:11

El que sabe hacer lo bueno y no lo hace

> *"Y al que sabe hacer lo bueno, y no lo hace, le es pecado".* Santiago 4:17

No debemos hacer juicios temerarios, debemos corregir con amor, pero con firmeza. A través de todas las epístolas paulinas, vemos las correcciones que constantemente Pablo hace a los escribas y fariseos mayormente, y a otros apóstoles y discípulos también.

En las sagradas escrituras podemos encontrar varias porciones, en las cuales encontramos a Jesús señalando el pecado o alguna conducta incorrecta que debe ser corregida.

La mujer sorprendida en adulterio

"Mujer, ¿dónde están los que te acusaban? ¿Ninguno te condenó? Ella dijo: Ninguno, Señor. Entonces Jesús le dijo: Ni yo te condeno; vete, y no peques más". San Juan 8:10[b]-11

El perdón y la misericordia de Dios son infinitos. No existe pecado que al ser confesado a Dios y rogado su perdón en el nombre de Jesús, no sea perdonado. Pero esta petición de perdón debe ser genuina, es decir que debe incluir arrepentimiento. El arrepentimiento es ese sentimiento de culpa que nos hace repudiar el acto cometido. El Señor nos perdona, pero siempre junto a ese perdón está un, "no peques más".

El hombre rico

"Aún te falta una cosa: vende todo lo que tienes, y dalo a los pobres, y tendrás tesoro en el cielo; y ven, sígueme". San Lucas 18:22[b] (San Mateo 19:16-30; San Marcos 10:17-31)

El Señor pide de nosotros que el que esté limpio, límpiese más; el que sea santo, santifíquese más, etc. El Señor no niega que esta persona tenga todos los atributos que ha mencionado. Jesús conoce lo que hay en nuestro interior y por tanto, sabía que a pesar de todas las virtudes que caracterizaban a este señor, había una atadura en él. Esa atadura era el amor al dinero y es una atadura muy común en el ser humano, incluyendo a cristianos y aún a ministros del evangelio.

"Entonces él, oyendo esto, se puso muy triste, porque era muy rico". San Lucas 18:23

Hermanos, debemos recordar que aunque estamos en este mundo, no somos de este mundo. Si alguno de nosotros descubre que nos queda alguna atadura, roguemos al Señor para que nos ayude a romper esas cadenas. No nos avergoncemos de alguna falta que haya en nosotros, lo mejor es esforzarnos para ser liberados en el nombre del Señor. Si te causa tristeza desprenderte de algo que te agrada mucho, pero que no es agradable a Dios, lucha y Dios te ayudará y luego te bendecirá.

Apártate de todo hermano que ande desordenadamente

"Pero os ordenamos, hermano, en el nombre de nuestro Señor Jesucristo, que os apartéis de todo hermano que ande desordenadamente, y no según la enseñanza que recibisteis de nosotros". 2 Tesalonicenses 3:6

No sé cómo tomarán esta escritura los que predican sobre la unidad y en contra de la división. En otro tema comento sobre este asunto de unidad o división. Dios quiere que nos unamos con buenos fines o propósitos positivos. Cuando la unidad es con propósitos de hacer cosas desagradables a Dios, en ese caso Dios no sólo nos recomienda separarnos, sino que a veces nos divide Él mismo. Un ejemplo de esto se encuentra en Génesis 11:1-8, sobre "La Torre de Babel".

En el ejemplo anterior de 2 Tesalonicenses 3:6, encontramos que Pablo ordena a los hermanos obedientes a la verdadera voluntad de Dios, a apartarse del cristiano que anda desordenadamente y no según la enseñanza de los apóstoles. Ese andar desordenadamente, quizás algunos lo relacionarán inmediatamente con andar en borracheras, etc. Este desorden y desobediencia, además de los famosos pecados muy conocidos y señalados, se refieren también a las diferentes prácticas anti-bíblicas o herejías que se llevan a cabo en algunas iglesias.

Un ejemplo de estas prácticas heréticas y anti-bíblicas, es continuar enseñando y practicando la ley del diezmo. Esta práctica y enseñanza implica andar desordenadamente y no según las enseñanzas del Nuevo Testamento. Los que continúan con esta práctica, fruto de la atadura que los limita, les sucede como al joven rico. Muchos de estos ministros tienen muy buenas virtudes, pero el Señor les está invitando a liberarse de esa atadura o condición materialista. El joven se fue muy triste, porque se le hacía muy difícil desprenderse del tesoro de su corazón.

Hermano ministro, si tu fe, tu esperanza y el tesoro de tu corazón están en los diezmos, pídele al Señor que te ayude a liberar y Él lo hará. Recuerda, *"no sólo de pan vivirá el hombre"*, no busques las añadiduras primero. Dios te ayude y te bendiga. Amén.

> *"Apártese de iniquidad todo aquel que invoca el nombre de Cristo"*. 2 Timoteo 2:19[b]

La Biblia está llena de exhortación a apartarse del mal o de cosas desagradables a Dios, y buscar su voluntad y hacerla. En ocasiones, estos señalamientos se hacen directa o individualmente, y en otras, en forma colectiva. La Palabra de Dios nos insta a señalar los errores que se estén cometiendo en su pueblo.

> *"Porque el siervo del Señor no debe ser contencioso, sino amable para con todos, apto para enseñar, sufrido; que con mansedumbre corrija a los que se oponen, por si quizá Dios les conceda que se arrepientan para conocer la verdad, y escapen*

del lazo del diablo, en que están cautivos a voluntad de él". 2 Timoteo 2:24-26

En la iglesia hoy día, algunos ministros hacen diferentes acusaciones a los hermanos. Se les acusa de que no cumplen con la ley del diezmo y no sólo se les acusa, sino que se les juzga, se les sentencia o condena a no poder participar en ningún ministerio. Constantemente se acusa a los hermanos de no tener fe, de fallarle al Señor, cuando no hacen promesas de fe, o diezman u ofrendan poco. Estas acusaciones y juicios a hermanos que generalmente, no conocen la Palabra muy bien, les hace daños espiritualmente mortales. Los señalamientos hechos a ministros que en su mayoría conocen la Palabra, en realidad, lo que les provoca es enojo cuando sienten amenazadas sus estrategias y se convierten en enemigos de quienes les corrigen.

Estad en paz, si es posible

"Si es posible, en cuanto dependa de vosotros, estad en paz con todos los hombres". Romanos 12:18

Es muy difícil permanecer callado observando y escuchando a ministros aprovecharse de la iglesia de nuestro Señor Jesucristo. Por eso la Palabra señala: *"Si es posible"*, es decir, que van a suceder casos en que no es posible para un verdadero ministro de Dios, aceptar la explotación de sus hermanos.

¿Quién es quien constituye a los ministros?

Para los que deseen saber quién comisionó o envió a Álvaro Rolón a escribir sobre estos temas controversiales, les exhorto a buscar en el libro de Efesios.

"Y él mismo constituyó a unos, apóstoles; a otros, profetas; a otros, evangelistas; a otros, pastores y maestros, a fin de perfeccionar a los santos para la obra del ministerio, para la edificación del cuerpo de Cristo". Efesios 4:11-12

En diferentes épocas, Dios escoge a alguien para señalar el abuso de poder de ministros inescrupulosos y tratar de liberar a los oprimidos. Deseo aclarar que pueden haber ministros que hacen unas cosas sin analizarlas mucho, porque ven a "los grandes" hacerlas. Hay ministros dictadores que pretenden tener "el ministerio quíntuple", pues quieren hacer creer que el Señor los ha dotado de los cinco ministerios. Para mí, esas ansias de poder desmedidas, son una condición enfermiza, la cual puede hacer mucho daño al pueblo de Dios. Jesús le pregunta a Pedro si le ama y luego le encomienda que cuide sus ovejas.

Hermanos, la verdadera labor ministerial es cuidar de las ovejas con amor y no aprovecharse de ellas. Amén.

Saca primero la viga de tu ojo

En el sermón del monte, Jesús dijo:

"¿O cómo dirás a tu hermano: Déjame sacar la paja de tu ojo, y he aquí la viga en el ojo tuyo? ¡Hipócrita! Saca primero la viga de tu propio ojo, y entonces verás bien para sacar la paja del ojo de tu hermano". San Mateo 7:4-5

Entiendo, como veremos más adelante durante el desarrollo de este tema, que el Señor se está dirigiendo al que gusta de estar señalando las faltas en otros, cuando él tiene las mismas o mayores. Aquí no te está diciendo que no lo hagas bajo ninguna circunstancia; lo que te dice es que si tú estás igual o peor que la persona que estás señalando, no debes hacerlo. Si ya sacaste tu viga, entonces verás bien para sacar la paja del ojo de tu hermano. En casi todas las escrituras análogas al señalamiento que se hace aquí, la enseñanza es que si tú estás igual o peor, no debes señalar a otro. Repito que esto implica que si tú estás derecho en las cosas del Señor, sí lo puedes hacer, si es que el Señor te encomienda hacerlo. Estas escrituras son muy usadas y citadas por los que desean y les conviene que no se señale el pecado, para así seguir hacia adelante con sus prácticas. Estos quieren hacer creer a la feligresía que son intocables, reclaman al igual que el papa, infalibilidad ministerial. Dicen que a ellos (los ministros) les juzgará Dios, que nadie los puede juzgar. En otro tema he explicado este fenómeno nicolaíta donde ministros reclaman estratificación y jerarquía, lo que les excluye del resto de los cristianos. Todos, ministros y laicos somos parte del cuerpo de Cristo. Ante Cristo todos somos iguales, sin importar el ministerio al cual hayamos sido llamados.

> *"Pero cuando vi que no andaban rectamente conforme a la verdad del evangelio, dije a Pedro delante de todos: Si tú, siendo judío, vives como los gentiles y no como judío, ¿por qué obligas a los gentiles a judaizar?"* Gálatas 2:14

Satanás, el acusador

> *"Entonces oí una gran voz en el cielo, que decía: Ahora ha venido la salvación, el poder, y el reino de nuestro Dios, y la autoridad de su Cristo; porque ha sido lanzado fuera el acusador de nuestros hermanos, el que los acusaba delante de nuestro Dios día y noche".* Apocalipsis 12:10

La Palabra llama a Satanás el acusador, porque él es mentiroso y padre de mentiras. Él vino a robar, matar y a destruir. El propósito de Satanás es causar daño, usando las estrategias que le sean posibles. No nos debemos esconder o escudar en este hecho sobre la maldad de Satanás para hacer cosas desagradables delante de Dios, y pretender que no se nos señalen. Satanás, nos dice esta escritura, acusaba a los hermanos día y noche, o sea, una acusación viciosa y sin fundamento.

> *"Vosotros sois de vuestro padre el diablo, y los deseos de vuestro padre queréis hacer. Él ha sido homicida desde el principio, y no ha permanecido en la verdad, porque no hay verdad en él. Cuando habla mentira, de suyo habla; porque es mentiroso, y padre de mentira".* San Juan 8:44

Cuando Martín Lutero señaló la corrupción que había en la iglesia, ¿actuó como Satanás? Los cristianos protestantes, ¿no somos fruto de esa acción de Martín Lutero? Escucho en muchas iglesias cristianas señalar todo el mal que hizo la iglesia al fundirse con el imperio romano. Deseo recordar que fue el imperio romano en el siglo sexto quien, junto a líderes de la iglesia existente en ese tiempo, volvió a establecer como obligatorio el diezmo perteneciente a la ley de Moisés.

La corrección de Jehová

> *"No menosprecies, hijo mío, el castigo de Jehová, ni te fatigues de su corrección; porque Jehová al que ama castiga, como el padre al hijo a quien quiere".* Proverbios 3:11-12

Hermanos, como nos dice este proverbio, si estamos en algún error y nos sentimos aludidos con relación a su señalamiento, no nos enojemos, arreglemos las cosas con el Señor. No menosprecies la corrección, aunque venga de parte de alguien que tú consideres menor a ti.

No olvides que Dios es omnipotente y ha escogido lo más vil y menospreciado del mundo para avergonzar a los sabios. Si estás en algún error, acéptalo y arrepiéntete, Dios te perdonará y te restaurará. Un refrán dice que: "es cosa de sabios recapacitar". No permitas que tu orgullo y vanidad te desvíen de los caminos y la verdad de Dios.

La disciplina del Señor

"Es verdad que ninguna disciplina al presente parece ser causa de gozo, sino de tristeza; pero después da fruto apacible de justicia a los que en ella han sido ejercitados". Hebreos 12:11

Ninguna disciplina es causa de gozo sino de tristeza. Cuando recibimos alguna amonestación, sería una mentira decir que en ese momento nos alegra. Los frutos de esa disciplina generalmente los podremos disfrutar más tarde. Digo disfrutar porque una vez que hayamos trabajado con la corrección del error en que estábamos, nos sentiremos satisfechos y en paz con Dios.

Hermano, si eres disciplinado o exhortado a cambiar o a eliminar alguna práctica que estés realizando y que no sea correcta, acéptalo y ejercítate en la corrección para la gloria y la honra del Señor.

"¿Quién acusará a los escogidos de Dios?" Romanos 8:33

Yo no me arriesgo a señalar quién es escogido de Dios y quién no. La Palabra nos dice que por sus frutos los conoceréis. La Palabra también nos insta a ser precavidos y cautelosos, porque hay lobos rapaces que se visten como ovejitas y que entran como ministros a la iglesia para aprovecharse de ella. Así que un escogido de Dios da buenos frutos y si está en un error, el Espíritu Santo que mora en él le redarguye y el hermano desiste de su error. No debemos tratar de cubrirnos tan fácilmente; es mejor buscar y hacer lo correcto delante de Dios. Si en verdad sientes llamado a ser ministro del Señor, no hagas como Balaam, ni como los nicolaítas.

> *"Ciertamente yo, como ausente en cuerpo, pero presente en espíritu, ya como presente he juzgado al que tal cosa ha hecho".* 1 Corintios 5:3

Pablo se enteró de que en la iglesia de Corinto había un caso muy feo de fornicación. Él amonesta a la congregación por no haber tomado cartas en el asunto. Les reprocha el no haber echado fuera de la congregación al que cometió tal acción. Por lo escrito aquí se entiende que esa persona no se había arrepentido de lo hecho y continuaba en el pecado.

> *"el tal sea entregado a Satanás para destrucción de la carne, a fin de que el espíritu sea salvo en el día del Señor Jesús".* 1 Corintios 5:5

Esta es una de las escrituras del Nuevo Testamento, donde vemos la disciplina de la iglesia primitiva en acción. Observe que Pablo no dijo: "vamos a orar para que este hermanito se arrepienta. Recuerden que no podemos señalar a nadie". No, Pablo fue firme para mantener el orden que debe prevalecer en la casa de Dios.

> *"¿Por qué, pues, tuviste en poco la palabra de Jehová, haciendo lo malo delante de sus ojos?"* 2 Samuel 12:9ª

Aún en el Antiguo Testamento el rey David, a pesar de los derechos y privilegios que le concedían su posición como rey, le fue señalado su pecado por el profeta Natán. Casi todo el mundo ha escuchado esta historia. Esta historia debe servir de lección a ministros que exigen que nadie señale sus pecados.

Escudriñad Las Escrituras

Esfuérzate y sé valiente

> *"Mira que te mando que te esfuerces y seas valiente; no temas ni desmayes, porque Jehová tu Dios estará contigo en dondequiera que vayas".* Josué 1:9

Luego de la muerte de Moisés, Josué es comisionado por Jehová para pasar el Jordán junto al pueblo de Israel. En la cita bíblica Josué 1:5, Jehová hace promesa a Josué.

> *"Nadie te podrá hacer frente en todos los días de tu vida; como estuve con Moisés, estaré contigo; no te dejaré, ni te desampararé".* Josué 1:5.

Jehová promete a Josué que estará con él, que no le dejará ni le desamparará. Jehová le dice que nadie le podrá hacer frente en todos los días de su vida. He repetido lo que ya está en la cita bíblica para dar énfasis a las promesas de Jehová para Josué. Todas estas promesas no significaban que Josué podía tomar su empresa livianamente; él tendría que poner de su parte, tendría que esforzarse y ser valiente. El Señor le prometió todo lo señalado anteriormente, pero también le requería que se esforzara y fuese valiente.

> *"Ninguna arma forjada contra ti prosperará, y condenarás toda lengua que se levante contra ti en juicio".* Isaías 54:17[a]

Aquí el Señor te está asegurando el triunfo, la victoria, pero tendrás que pelear la batalla. Creo que todos entendemos que cuando el Señor nos dice:

> *"Entonces Jesús dijo a sus discípulos: Si alguno quiere venir en pos de mí, niéguese a sí mismo, y tome su cruz y sígame".* San Mateo 16:24

El Señor no nos está invitando a algo fácil, pero con él sí podremos lograr vencer cualquier obstáculo, situación negativa o reto que se nos presente. La salvación eterna es un regalo que Dios nos brinda a través del sacrificio vicario de nuestro Señor Jesucristo. Por ser un regalo, nosotros no tenemos que realizar obras para recibirla. Sólo tenemos que aceptar a nuestro Señor Jesucristo como nuestro único y exclusivo Salvador. Aunque gratis para nosotros, no es una salvación barata, pues nuestro Señor pagó un alto precio por nosotros. Para tener otros logros en la vida cristiana, dependeremos de nuestros esfuerzos u obras.

La fe sin obras es muerta

Aparte de la salvación eterna, es decir, para triunfar en otras áreas del evangelio, sí tenemos que realizar obras. Nuestra fe tiene que manifestarse a través de nuestras obras.

> *"Así también la fe, si no tiene obras, es muerta en sí misma".* Santiago 2:17

Lo que Santiago nos está diciendo aquí, es que quien verdaderamente tiene fe, realizará obras que serán inspiradas por esa fe, pero esto no será para alcanzar la salvación eterna, la cual ya tenemos. En el juicio para ser galardonados o avergonzados, nuestro Señor Jesucristo señalará nuestras obras realizadas. Este juicio no es para salvación o condenación, pero si no usamos bien los talentos que nos dio el Señor, seremos avergonzados delante del Señor. También perderemos nuestros galardones, si no hicimos lo que se nos asignó en nuestro llamado.

El hecho de tomar un versículo bíblico y preparar todo un mensaje, aunque usemos sólo esa cita bíblica como base, requiere que examinemos otras citas que lo condicionan o que amplían su significado o mensaje.

Pedir como conviene

> *"Y todo lo que pidiereis en oración, creyendo, lo recibiréis".* San Mateo 21:22
> *"Por tanto, os digo que todo lo que pidiereis orando, creed que lo recibiréis, y os vendrá".* San Marcos 11:24
>
> *"Mas también sé ahora que todo lo que pidas a Dios, Dios te lo dará".* San Juan 11:22
>
> *"Y todo lo que pidiereis al Padre en mi nombre, lo haré, para que el Padre sea glorificado en el Hijo. Si algo pidiereis en mi nombre, yo lo haré".* San Juan 14:13-14
>
> *"De cierto, de cierto os digo, que todo cuanto pidiereis al Padre en mi nombre, os lo dará".* San Juan 16:23[b]

Aparentemente aquí presenté suficiente evidencia bíblica para decir, resumiendo, que <u>todo lo que pida al Padre lo recibiré</u>. El que desea llevar un mensaje claro, genuino a la iglesia, se esforzará a lo máximo en la búsqueda de información sobre el tema a tratar. No debemos conformarnos en buscar solamente evidencia para sostener nuestra postura. Si en realidad deseamos llevar el verdadero mensaje contenido en las escrituras, debemos buscar porciones que nieguen o que limiten nuestra postura. Debemos trabajar con esa aparente negación, o con la limitación a nuestra tesis y buscar la explicación o armonía a tal aparente negación o limitación, porque la Palabra de Dios no se contradice, se complementa o sustenta.

En las porciones bíblicas de San Mateo 21:22, y San Marcos 11:24 hay un requisito. Ambas citas exigen que la petición se haga orando. Las porciones bíblicas de San Juan 14:13-14 y 16:23 requieren que la petición se haga en el nombre de Jesucristo.

> *"Y de igual manera el Espíritu nos ayuda en nuestra debilidad; pues qué hemos de pedir como conviene, no lo sabemos, pero el Espíritu mismo intercede por nosotros con gemidos indecibles".* Romanos 8:26

> *"Pedís, y no recibís, porque pedís mal, para gastar en vuestros deleites".* Santiago 4:3

> *"Y esta es la confianza que tenemos en él, que si pedimos alguna cosa conforme a su voluntad, él nos oye.* 1 Juan 5:14

El requisito para recibir nuestras peticiones lo podemos resumir con la frase, "conforme a su voluntad". El Señor no nos dará nada que luego nos haga daño. Él es el que conoce, sabe lo que nos conviene y lo que nos podría causar daño.

CAPITULO V

MENSAJE A LAS IGLESIAS

Introducción: Las Maldiciones Generacionales

Deuteronomio 21:23[b] nos dice:
"Porque maldito por Dios es el colgado".

Luego Gálatas 3:13 dice:
"Cristo nos redimió de la maldición de la ley, hecho por nosotros maldición (porque está escrito: Maldito todo el que es colgado en un madero)".

Este tema ha sido discutido en el libro **"Jehová-Jireh"**, en las páginas 72-81. Como expresé en algunos de los temas que fueron tratados en el mencionado libro, lo hice con el fin de contestar preguntas o comentarios sobre los mismos.

Hermanos, ya no estamos bajo La Ley; ahora estamos en La Gracia. Ministros cristianos, ya es tiempo de apartarnos de los rudimentos de La Ley. Esa fue la gran lucha de Jesucristo, de los apóstoles, y especialmente de Pablo. Parece ser cosa de la carne estar siempre buscando ataduras de las cuales hemos sido liberados. Hay cristianos que se convierten en expertos buzos espirituales. No descansan zambulléndose en lo profundo de la mar, tratando de rescatar sus pecados que fueron sepultados allí por nuestro Dios.

Aún encontramos en el viejo testamento revelaciones de liberación de dichos y creencias. La Palabra de Dios nos dice en Jeremías 31:29-30 como sigue:

"En aquellos días no dirán más: Los padres comieron las uvas agrias y los dientes de los hijos tienen la dentera, sino que cada cual morirá por su

propia maldad; los dientes de todo hombre que comiere las uvas agrias, tendrán la dentera". Jeremías 31:29-30.

En el Capítulo 18 del libro de Ezequiel, hay una explicación mucho más amplia que la expresada en Jeremías 31:29-30. Ezequiel repite lo dicho por Jeremías y agrega otras partes que son muy aclaratorias. Estas declaraciones liberan al pueblo de Dios de posibles dudas sobre el particular.

"Vivo yo, dice Jehová el Señor, que nunca más tendréis por qué usar este refrán en Israel. He aquí que todas las almas son mías; como el alma del padre, así el alma del hijo es mía; el alma que pecare, esa morirá". Ezequiel 18:3-4

Esto debe liberar las mentes de los cristianos de estar pensando en que si mi padre hizo esto o lo otro; que si en mi familia hay esto y esto otro. La Palabra de Dios es clara y liberta. No te dejes confundir por los que se aprovechan de estas creencias para poder manipular o venderte de alguna manera la liberación que no necesitas. Hay quienes te diagnostican una enfermedad, para luego venderte la medicina. No te dejes confundir ni engañar, el Señor ya te ha librado de todas estas cosas.

Luego continúa Ezequiel diciendo:

"Y si dijereis: ¿Por qué el hijo no llevará el pecado de su padre? Porque el hijo hizo según el derecho y la justicia, guardó todos mis estatutos y los cumplió, de cierto vivirá". Ezequiel 18:19.

"La justicia del justo será sobre él, y la impiedad del impío será sobre él". Ezequiel 18:20[b]

Todo lo anterior fue revelado por Dios en el Antiguo Testamento, y hoy día muchos cristianos continúan con estos viejos refranes del pueblo de Israel, los cuales ya han sido abolidos, como pudimos ver.

En el Nuevo Testamento hay mucho más sobre nuestra liberación de maldiciones generacionales. Ahora estamos en la dispensación de "La Gracia" y la ley que impera es el amor de Cristo. En la antigüedad se hablaba de maldiciones hechas por Jehová y los profetas, pero ahora nuestro Señor Jesucristo dice:

> *"Bendecid a los que os persiguen; bendecid, y no maldigáis"*. Romanos 12:14

El ser humano quiere seguir atado, sin importar cuántas escrituras nos expresen las bendiciones de Dios y su misericordia. Luego de pasados los años, y de Jeremías, y posteriormente Ezequiel, haber tratado de aclarar al pueblo de Israel sobre el asunto de la paga del pecado de los padres, después, aún en tiempos de Jesucristo, los discípulos continúan con las mismas ideas.

> *"Y le preguntaron sus discípulos, diciendo: Rabí, ¿quién pecó, éste o sus padres, para que haya nacido ciego? Respondió Jesús: No es que pecó éste, ni sus padres, sino para que las obras de Dios se manifiesten en él"*. San Juan 9:2-3

Recomiendo a ministros cristianos que presten mucha atención a estos versículos anteriores, ya que pueden arrojar mucha luz sobre dudas que a veces podemos tener. Sólo deseo señalar que hay algo muy curioso en la pregunta hecha por los discípulos. ¿Cómo puede ser posible que la persona haya pecado para nacer ciego? ¿Pecaría antes de nacer? Lo que deseo señalar aquí es que hay personas que dicen el disparate que sea, con tal de sostener alguna idea o creencia. Hermanos, hay muchas porciones de la Palabra que nos liberan de la idea de estar bajo maldiciones generacionales, y otras nos dan poder para atar y echar fuera demonios en el nombre de Jesucristo.

> *"A lo suyo vino, y lo suyos no le recibieron. Mas a todos los que le recibieron, a los que creen en su nombre, les dio potestad de ser hechos hijos de Dios; los cuales no son engendrados de sangre, ni de voluntad de carne, ni de voluntad de varón, sino de Dios".* San Juan 1:11-13

Ahora somos hijos de Dios y nuestra nueva naturaleza y descendencia son divinas. La herencia que poseemos es de nuestro Padre que está en los cielos.

> *"Anulando el acta de los decretos que había contra nosotros, que nos era contraria, quitándola de en medio y clavándola en la cruz".* Colosenses 2:14

> *"De modo que si alguno está en Cristo, nueva criatura es; las cosas viejas pasaron; he aquí todas son hechas nuevas".* 2 Corintios 5:17

Algunos no logran creer ni entender el poder de la sangre de Cristo y continúan viviendo con el temor de estar bajo el influjo de maldiciones antiguas. Si el ministro que les pastorea está en iguales o peores condiciones, entonces la cosa está bien fea. Con estos temores o miedos infundados, niegan la eficacia del sacrificio de nuestro Señor Jesucristo en la cruz del Calvario. Ya hemos sido abolidos de toda maldición o decreto que haya sido pronunciado en contra nuestra.

He escuchado a algunos pastores defender la posibilidad de estar bajo maldiciones generacionales debido al historial de algunas familias. Por ejemplo, ellos dicen que de familias de alcohólicos, hay más posibilidades de salir más hijos alcohólicos que de los hijos de no alcohólicos. Me tomaré a mí mismo como ejemplo.

Provengo de una familia donde por muchas generaciones el alcoholismo ha sido un problema. Desde niño estaba envuelto en muchas fiestas. En mi familia había muchos músicos, por tanto, fui criado en ese ambiente. Cuando casi todos estaban embriagados, como niño y en algún descuido de ellos, me tomaba la cerveza o el "palo" de ron. Al seguir creciendo en ese ambiente, lo más normal es que yo llegara a ser alcohólico y así fue. El medio ambiente, la cultura, la familia y tantas otras cosas, fueron factores que influyeron en esta condición. Por el contrario, personas que se criaron en otro ambiente sano, en su gran mayoría siguieron los ejemplos que vieron en las personas que influyeron en ellos, que les modelaron. Es decir, que hoy en día, viviendo en "La Gracia", no estamos bajo la influencia de ninguna maldición generacional. El medio ambiente en que somos criados y educados son factores influyentes y algunas veces determinantes en cuanto a nuestra formación social y conducta futura.

Las ataduras no son maldiciones generacionales

Hay cristianos que a toda atadura o condición negativa le llaman maldición generacional, por tanto he creído prudente y conveniente tratar de aclarar de la mejor manera posible este asunto.

Cuando escuchamos a ministros que reprenden "maldiciones generacionales" o cualquier otro tipo de maldición, por su forma de expresarse, podemos percibir claramente que están atribuyendo estas maldiciones a Satanás o a sus demonios. Esto sucede debido a la falta de conocimiento bíblico sobre el particular. Primero que nada, ya no existe maldición generacional alguna para el cristiano. En el Antiguo Testamento vemos que estas maldiciones eran pronunciadas por Jehová, los profetas, reyes y otras personas escogidas por Dios. Cualquier persona común no tenía poder para bendecir o maldecir a nadie. De acuerdo con la Palabra, estas maldiciones serían cumplidas, realizadas o ejecutadas por ángeles de Dios o por demonios enviados a cumplir con lo pronunciado.

Maldiciones hasta la tercera y cuarta generación

Cuando hablamos de una maldición de tercera y cuarta generación, estamos diciendo lo siguiente. Una persona recibe una maldición de parte de Jehová, de sus profetas o de alguien con autoridad de parte de Dios, y luego esa maldición será heredada por sus hijos, después por sus nietos, bisnietos y tataranietos. Por más años que estas generaciones hubiesen vivido, jamás pudo haber sido cuatrocientos años. En diferentes secciones del libro **"Jehová Jireh"**, y aún aquí en este libro, he señalado que tanto maldiciones, así como bendiciones, sólo pueden ser pronunciadas por Jehová, sus profetas o por alguna persona especial escogida por Jehová. No son muchas las maldiciones que se mencionan en el Antiguo Testamento. En el Nuevo Testamento no hay maldiciones generacionales; lo que Jesucristo ordena es bendecir y no maldecir. Hace como 2005 años que estamos en la era cristiana, lo que indica que ya han desaparecido todas aquellas generaciones que habían recibido alguna maldición, e igualmente con ellos su maldición.

El hecho de que hoy día no existan maldiciones generacionales, no quiere decir que no existan personas con ataduras demoníacas. En varias ocasiones encontramos en los evangelios, narraciones en las cuales Jesús echa fuera demonios. La Palabra nos dice:

"Porque no tenemos lucha contra sangre y carne, sino contra principados, contra potestades, contra los gobernadores de las tinieblas de este siglo,

contra huestes espirituales de maldad en las regiones celestes". Efesios 6:12

Luego, los versículos siguientes aconsejan sobre la manera de protegerse de todas estas cosas malignas. En caso de que seamos atados por alguno de estos entes espirituales, nuestro Señor nos dio autoridad sobre ellos para echarles fuera en su nombre.

"De cierto os digo que todo lo que atéis en la tierra, será atado en el cielo, y todo lo que desatéis en la tierra, será desatado en el cielo". San Mateo 18:18

La Palabra de Dios nos advierte que nuestra lucha no es contra carne ni sangre, sino contra potestades, etc.; no dice contra brujería o hechicería popular. La brujería o la hechicería popular, es el producto del poder sobrenatural que se les atribuye o que reclaman poseer algunas personas, y alegan que les capacita para invocar, ordenar, y enviar espíritus a causar daños o beneficios a otra(s) persona(s). Esta brujería o hechicería popular no se menciona ni es reconocida en la Biblia. Esta creencia se ha colado en la iglesia cristiana, procedente de otras culturas. La Palabra también nos promete ciertos poderes a los creyentes, en el nombre de Jesús.

"Y estas señales seguirán a los que creen: En mi nombre echarán fuera demonios". San Marcos 16:17ª

Las ataduras malignas son la unión con fuertes ligaduras o cadenas espirituales a cosas, prácticas, etc., no agradables a Dios. Hay diferentes tipos de ataduras como por ejemplo, vicios, desvíos sexuales, prostitución, odios, rencores, temores, y otras actitudes negativas. Algunas de estas ataduras son causadas por demonios, no por brujería ni hechicería popular. Este tipo de atadura es la que se puede romper, como dice San Marcos 16:17ª, reprendiendo los demonios o legiones en el nombre de Jesús. En el caso de enfermedades naturales, es decir, no causadas por demonios, también la Palabra de Dios nos ofrece el remedio.

> *"Ciertamente llevó él nuestras enfermedades, y sufrió nuestros dolores"*. Isaías 53:4ª

> *"Y por su llaga fuimos nosotros curados"*.
> Isaías 53:5[b]

Podemos reclamar estas promesas en el nombre de Jesucristo y será hecho, de acuerdo a la voluntad del Señor. Cuando Pablo se quejó a Dios para que le quitara el problema de su aguijón, Jehová le dijo, *"Bástate mi gracia, porque mi poder se perfecciona en tu debilidad"*. Esto significa que puede haber enfermedades o situaciones negativas en nuestra vida, que el Señor permite con algún propósito positivo. Algunas enfermedades son de índole hereditaria, transmitidas genéticamente a través de los padres o progenitores a sus hijos, lo que a veces por falta de conocimiento, catalogamos como maldiciones generacionales, pero esto no es así, son enfermedades transmitidas genéticamente.

Fueron pocas las maldiciones generacionales pronunciadas en el Antiguo Testamento, y en el Nuevo no he encontrado ninguna. En Génesis 3:14-19 encontramos que cuando Adán y Eva desobedecen a Dios instigados por la serpiente, Jehová pronuncia maldiciones contra los tres, e inclusive, también contra la tierra. Esas maldiciones fueron pronunciadas para toda la humanidad, no para una familia en particular. Por esta y otras razones, no creo que deba ser considerada como una maldición generacional. Si alguien cree que este hecho se puede considerar como maldición generacional, en la sección titulada "Génesis 3:16-19 fue anulada", está el análisis y su anulación como tal.

Josué 6:26 señala el juramento, el cual se considera una maldición sólo hasta la primera generación. Esta maldición es de parte de Josué, pero en el nombre de Dios. La maldición de Eliseo en el nombre de Jehová en 2 Reyes 2:23-24, se efectuó inmediatamente, por tanto no fue generacional.

El caso de Balaam puede aclarar muchos interrogantes que podemos tener sobre este tema de maldiciones. Este Balaam, aunque no era un israelita ni un profeta, es descrito a través de la escritura como un hombre con ciertos poderes de parte de Jehová. Balac, rey de Moab pide a Balaam que maldiga a Israel, pero esa no es la voluntad de Jehová. En estos capítulos (22 al 25), no encontramos la narración del gran pecado de Balaam, el cual es señalado en Números 31:15-16, donde vemos que aunque en cierto modo Balaam quería obedecer a Jehová, su ambición y egoísmo tuvieron más fuerza y lo llevaron a aconsejar a Balac sobre la manera de actuar para hacer daño a Israel. Le aconsejó usar sus mujeres para contaminar a los varones de Israel y así lo hizo Balac, lo que causó mucho daño a Israel. Recomiendo la lectura bíblica de Números, capítulos 22 al 25 y también el capítulo 31.

En 2 Samuel 12, encontramos el caso de David y su pecado. Tomó la mujer de Urías Heteo y luego lo mandó matar. En 2 Samuel 12:9-14, se encuentra la narración de la maldición hecha por Jehová a través del profeta Natán a David y su descendencia. Esta maldición la considero generacional y vitalicia, porque en el versículo 10 dice que jamás se apartaría la espada de la casa de David. En este caso, aunque por la palabra jamás, podríamos asumir que es para siempre, es decir, vitalicia, es diferente a Génesis 3:14-19, porque en el caso de Génesis es para toda la humanidad, lo que significa que no es para una familia en particular, sino para todo el género humano. En el caso de David, la maldición fue pronunciada sólo para él y su familia.

En el Salmo 109:6-20, David se lamenta ante Jehová de la situación que está enfrentando en su pueblo. David está dolido porque él dice que le han pagado mal por bien, que no se detienen hablando mal sobre él. En estos versículos David hace petición a Jehová para que castigue terriblemente a los que le están escarneciendo.

El caso de 1 Samuel 16:14 se podría considerar una maldición, pero no generacional. Debido a los pecados de Saúl, aquí Jehová le envía un espíritu malo para que le torture. Dios, según da la llaga, da el remedio, porque cuando David tocaba el arpa, Saúl sentía mejoría.

En Éxodo 20:5 y Deuteronomio 5:9 está el ejemplo clásico de las llamadas maldiciones generacionales.

> *"porque yo soy Jehová tu Dios, fuerte, celoso, que visito la maldad de los padres sobre los hijos hasta la tercera y cuarta generación <u>de los que me aborrecen</u>".* Éxodo 20:5b

Aparentemente esta escritura se aplica a ciertos extremos especiales. Posiblemente el pueblo de Israel asumía que el que cometía cualquier pecado o falta, recibiría una maldición generacional. Creo que esta es la razón por la cual Ezequiel aclara la creencia mencionada en la frase anterior.

> *"Vino a mí palabra de Jehová, diciendo: ¿Qué pensáis vosotros, los que usáis este <u>refrán sobre la tierra de Israel</u> que dice: <u>Los padres comieron las uvas agrias, y los dientes de los hijos tienen la dentera</u>? Vivo yo, dice Jehová el Señor, que nunca más tendréis por qué usar este <u>refrán</u> en Israel. He aquí que todas las almas son mías; como el alma del padre, así el alma del hijo es mía; <u>el alma que pecare, esa morirá</u>".* Ezequiel 18:1-4

Esta porción de la Palabra nos aclara muchas de nuestras dudas y creencias no bíblicas. Ha sido muy difícil poder eliminar esta creencia. A pesar de Ezequiel haber negado la creencia de que cualquier pecado correspondería a una maldición generacional, el pueblo continuaba con esa creencia.

> *"Al pasar Jesús, vio a un hombre ciego de nacimiento. Y le preguntaron sus discípulos, diciendo: Rabí, ¿Quién pecó, este o sus padres, para que haya nacido ciego? Respondió Jesús: No es que pecó este, ni sus padres, sino para que las obras de Dios se manifiesten en él".* San Juan 9:1-3

Esta escritura muestra que esta creencia continuaba siendo divulgada y aceptada en el pueblo de Israel durante el ministerio de Jesús. Aquí Jesucristo, al igual que Ezequiel, quiere aclarar que no toda situación negativa tiene que ver con maldiciones generacionales. Estas creencias pasaron del pueblo de Israel a los gentiles y continúa siendo aceptada y predicada aún en nuestros días en la iglesia cristiana.

Los dichos de tu boca

> *"Pero ningún hombre puede domar la lengua, que es un mal que no puede ser refrenado, llena de veneno mortal. Con ella bendecimos al Dios y Padre, y con ella maldecimos a los hombres, que están hechos a la semejanza de Dios".* Santiago 3:8-9

Junto al tema de las maldiciones generacionales, hoy día también se le ha dado casi igual importancia a las maldiciones o expresiones negativas pronunciadas por cualquier persona común. Toda esta teología o dogma religioso, relacionado con expresiones de personas comunes, tiene su base fundamental o se pretende sostener, con la escritura señalada a principios de este comentario. Al maldecir a alguien, en realidad lo que se está expresando podría ser enojo, desprecio, odio, rencor, desacuerdos, que generan deseos malos o negativos contra esa persona. Estas expresiones negativas pueden causar daños indirectos de diferentes maneras a la persona aludida. Digo daño indirecto, porque la maldición o expresión negativa en sí misma, no tiene poder alguno para causar daño. En realidad quien recibe y sufre el mayor daño, es el que proclama la maldición.

La persona a quien se dirige la maldición puede ser afectada de muchas y variadas maneras. Si la persona cree que esa maldición tiene poder sobrenatural para causarle daño, por el hecho de sólo creerlo, le producirá preocupación, miedo, etc. Cualquier situación negativa que le ocurra, la asociará con esa maldición. Como en el caso de una enfermedad sicosomática, sentirá los efectos de la maldición como una realidad. Pedirá a algún ministro que le reprenda esa maldición, o visitará algún centro espiritista, con el mismo propósito de despojarse.

Ministros, hermanos, amigos, bíblicamente no hay base para sostener esta creencia popular. No debemos tratar de establecer o respaldar dogma alguno que surja por la interpretación errónea de un solo versículo bíblico. Este versículo sólo señala, que de la boca de personas puede salir una maldición, pero en ninguna parte en la Biblia habla sobre la efectividad directa de esa expresión. Con efectividad directa me estoy refiriendo a que esa maldición por sí misma, no posee poder alguno para causar daño. Como señalé anteriormente, puede tener efectividad indirecta, causando daño debido a la creencia de la persona que ha sido mencionada en la maldición. Este daño en realidad no ha sido causado por algún poder sobrenatural de esta maldición o expresión, sino simplemente por los efectos secundarios que se mencionaron anteriormente.

El temor o preocupación por el daño que puede causar una maldición, es semejante al temor a la brujería o a la hechicería popular. En el estudio o comentario que hice sobre hechicería o brujería popular, señalo que, bíblicamente estos conceptos no son reconocidos como tales. No encontramos ningún ejemplo en la Biblia, donde se reconozca daño alguno causado a alguien por el poder de brujos o hechiceros. De igual manera, tampoco encontramos ningún ejemplo de la efectividad o poder de alguna maldición pronunciada por una persona común.

Como expresé anteriormente, el que pronuncia maldiciones en contra de alguna persona, él mismo sufrirá las consecuencias. Señalaré algunos versículos bíblicos en los cuales se confirma la anterior aseveración.

> *"Te has enlazado con las palabras de tu boca, y has quedado preso en los dichos de tus labios".* Proverbios 6:2

> *"Manantial de vida es la boca del justo; pero violencia cubrirá la boca de los impíos".* Proverbios 10:11

> *"La boca del necio es quebrantamiento para sí, y sus labios son lazos para su alma".* Proverbios 18:7

> *"Su boca está llena de maldición y de amargura".* Romanos 3:14

Los versículos anteriores confirman que el que expresa malos deseos a través de una maldición, él mismo sufrirá las consecuencias.

> *"El hombre malo, el hombre depravado, es el que anda en perversidad de boca".* Proverbios 6:12

"La lengua falsa atormenta al que ha lastimado, y la boca lisonjera hace resbalar". Proverbios 26:28

"No lo que entra en la boca contamina al hombre; mas lo que sale de la boca, esto contamina al hombre". San Mateo 15:11

"Pero lo que sale de la boca, del corazón sale; y esto contamina al hombre". San Mateo 15:18

Aquí podemos ver que las expresiones negativas o maldiciones comunes populares, pueden afectar indirectamente a la persona involucrada, sólo al conocer la mala voluntad del que la pronuncia.

"El que guarda su boca y su lengua, su alma guarda de angustias". Proverbios 21:23

"Ninguna palabra corrompida salga de vuestra boca, sino la que sea buena para la necesaria edificación, a fin de dar gracia a los oyentes". Efesios 4:29

"De una misma boca proceden bendición y maldición. Hermanos míos, esto no debe ser así". Santiago 3:10

"Confesaos vuestras ofensas unos a otros, y orad unos por otros, para que seáis sanados. La oración eficaz del justo puede mucho". Santiago 5:16

Estas porciones bíblicas aconsejan guardarse de estar hablando cosas negativas, las cuales, aunque no tengan poder en sí mismas para causar daño directo, el daño sería indirecto.

Génesis 3:16-19 fue anulada en la cruz del Calvario

En la narración de la creación del hombre en Génesis 1:26-27, la Palabra nos dice que Dios los creó varón y hembra. En el versículo 1:28 comienza la primera dispensación, la inocencia, y el primer pacto, el Pacto Edénico. Dispensación de la inocencia, por cuanto el hombre no tenía conocimiento del bien ni del mal. Pacto Edénico, porque este pacto fue decretado durante el tiempo que el hombre viviera en estado de inocencia en el Edén.

> *"Y los bendijo Dios, y les dijo: Fructificad y multiplicaos; llenad la tierra y sojuzgadla, y señoread en los peces del mar, en las aves de los cielos, y en todas las bestias que se mueven sobre la tierra"*. Génesis 1:28

Si comparamos la narración de la creación que encontramos en Génesis 1:26-28, con la de Génesis 2:7-25, aparentemente hay cosas contradictorias, pero esto es imposible porque la Palabra de Dios no se contradice, se sustenta y se complementa. La narración en Génesis 1:26-28, es como un resumen de la que se encuentra en Génesis 2:7-25, la cual es más amplia y completa. Esto puede contestar la pregunta que tienen algunas personas sobre, ¿con quién se casó Caín, etc.? Estas personas dicen que esto era imposible, porque no había más gente. En la narración de Génesis 1:26-27, nos dice que sí había más gente. La Palabra nos habla de Adán y Eva, de Caín y Abel, pero en realidad es en forma simbólica. Adán y Eva, Caín y Abel son representantes de toda la raza humana que Dios creó.

> *"Fructificad y multiplicaos, llenad la tierra, y sojuzgadla"*. Génesis 1:28[b]

Dios ordena, autoriza y capacita al hombre para multiplicarse desde el primer momento que lo creó, varón y hembra los creó.

El hombre podía disfrutar de todo, pero había una manera en que el hombre probaría su obediencia a Dios, que encontramos en Génesis 2:16-17.

> *"Y mandó Jehová Dios al hombre diciendo: De todo árbol del huerto podrás comer; mas del árbol de la ciencia del bien y del mal no comerás; porque el día que de él comieres, ciertamente morirás".* Génesis 2:16-17

Luego, en Génesis 3:6 encontramos que el hombre desobedece al Señor y obedece la voz de Satanás. Como consecuencia de esa desobediencia, el hombre entrega a Satanás todo lo que Dios le había concedido. Por eso es que en la Biblia, Satanás es conocido como el rey o como el príncipe de este mundo. Otra consecuencia de esta desobediencia fue la expulsión del hombre del Edén (Génesis 3:23-24). La totalidad de las consecuencias de la desobediencia del hombre la encontramos en Génesis 3:14-19.

Los resultados de la desobediencia del hombre en el jardín del Edén <u>no</u> los podemos considerar como <u>maldición generacional</u>. Primero que nada, puedo señalar que las maldiciones generacionales son pronunciadas en contra de alguna familia o alguna parte o grupo particular de la raza humana. La sentencia que encontramos en Génesis 3:14-19, se refiere a toda la raza humana, y es <u>para siempre, hasta el fin de la existencia humana</u> como tal. Jehová condenó a la serpiente por su maldad.

> *"Y pondré enemistad entre ti y la mujer, y entre tu simiente y la simiente suya; ésta te herirá en la cabeza, y tú le herirás en el calcañar".* Génesis 3:15

Con la simiente (simiente, descendiente) de la mujer, Dios se refería a nuestro Señor Jesucristo. Desde ese momento siempre hubo una simiente santa. Esta simiente fueron Abel, Set, Noé, Sem, Abraham, Isaac, Jacob, Judá, David y Emanuel (Dios con nosotros, el Cristo de la Gloria). Con Jesucristo se cumplió parte de la sentencia a la serpiente, Satanás. En la cruz del Calvario, Jesucristo derrotó a Satanás y a todo su imperio. Ahora, cuando nosotros aceptamos a nuestro Señor Jesucristo como nuestro único y exclusivo Salvador, recibimos perdón de pecados y la salvación eterna. Esta salvación nunca la perderemos, aunque si nos salimos de la voluntad de Dios, pagaremos en esta vida las consecuencias del pecado. Cuando nos arrepentimos en el nombre de Jesucristo, seremos perdonados y volveremos a disfrutar de esa comunión con Dios, o sea de la salvación terrenal.

En el caso de la parte referente a toda la raza humana, encontramos en Génesis 3:16:

> *"A la mujer dijo: Multiplicaré en gran manera los dolores en tus preñeces; con dolor darás a luz los hijos; y tu deseo será para tu marido, y él se enseñoreará de ti".* Génesis 3:16ª

Cuando una mujer acepta a Jesucristo, en ella se cumplen las grandes nuevas de salvación que nuestro Señor Jesucristo ofrece. El dolor de dar a luz de una mujer cristiana más que condenación es una bendición. La mujer cristiana reconoce el acto de dar a luz como una de las mayores bendiciones de parte de Dios. Por tanto, puedo resumir que ya ese dolor en la cristiana, es un dolor santo y deseado, aunque un poco traumático. Su confianza y fe están puestos en el Señor y ahora comprende que es necesario que todo acontezca como ha sido dispuesto por la voluntad del Señor.

En Génesis 3:16[b], lo cual se refiere a la condición o relación entre el hombre y la mujer la Palabra nos dice de la siguiente manera:

> *"Y tu deseo será para tu marido y él se enseñoreará de ti".* Génesis 3:16[b]

En varias escrituras encontramos que nuestro Señor Jesucristo vino a traernos libertad, tanto a hombres como a mujeres. Cuando Jesús pronuncia sus promesas y bendiciones, son para ambos sexos. Jesucristo mantiene, pero aclara cierto orden establecido para el matrimonio, que a veces mal interpretamos. En los evangelios principalmente, encontramos escrituras que antes de Jesucristo eran interpretadas de cierta forma, pero que nuestro Señor las reestructura y las aclara. Por ejemplo en San Mateo 19:3-10, los fariseos se acercaron a Jesús para tentarle con sus preguntas:

> *"¿Es lícito al hombre repudiar a su mujer por cualquier causa?"* San Mateo 19:3[b]

Aquí vemos establecida la diferencia entre la potestad del hombre y la mujer en cuanto al matrimonio. No dice que la mujer tenga el mismo derecho. Jesucristo les señala la escritura desde la creación, dejándoles ver que esa no era la voluntad de Dios. Jesús les señala que Moisés permitió que esto sucediera así:

> *"Por la dureza de vuestro corazón, Moisés os permitió repudiar a vuestras mujeres; mas al principio no fue así".* San Mateo 19:8

Jesús aquí señala que al principio de la creación no fue así, es decir, mientras el hombre vivía en estado de inocencia. Cuando el hombre cae en el jardín del Edén y por consecuencia entra el pecado, todo cambió. No por voluntad de Dios, sino debido a la maldad que penetró la raza humana.

> *"Y dijo: Por esto el hombre dejará padre y madre, y se unirá a su mujer, y los dos serán una sola carne".* San Mateo 19:5

Esta fue y es la voluntad de Dios desde el principio. Si hombre y mujer se complementan de tal manera que ya no sean dos sino uno, entonces no debe existir superioridad en ninguno de los dos sobre el otro.

Entiendo que hay un orden establecido por Dios en el Antiguo Testamento y sostenido por nuestro Señor Jesucristo con un propósito sabio, no como ventaja para uno y desventaja para el otro en el matrimonio, sino como un orden divino.

> *"Pero quiero que sepáis que Cristo es la cabeza de todo varón, y el varón es la cabeza de la mujer, y Dios la cabeza de Cristo".* 1 Corintios 11:3

> *"Porque el varón no procede de la mujer, sino la mujer del varón, y tampoco el varón fue creado por causa de la mujer, sino la mujer por causa del varón".* 1 Corintios 11:8-9

Si utilizamos estas dos porciones bíblicas anteriores como base para una predicación, se podría llegar a concluir que el hombre es superior a la mujer. Luego de que Pablo hace estas declaraciones, inmediatamente expresa el resumen de las tales, en Cristo Jesús Señor nuestro.

> *"Pero en el Señor, ni el varón es sin la mujer, ni la mujer sin el varón; porque así como la mujer procede del varón, también el varón nace de la*

mujer; pero todo procede de Dios". 1 Corintios 11:11-12

"Pero venida la fe, ya no estamos bajo ayo, pues todos sois hijos de Dios por la fe en Cristo Jesús; porque todos los que habéis sido bautizados en Cristo, de Cristo estáis revestidos. Ya no hay judío ni griego; no hay esclavo ni libre; no hay varón ni mujer; porque todos vosotros sois uno en Cristo Jesús". Gálatas 3:25-28

Podría señalar otras escrituras que declaran nulas o desechas, algunas creencias en la superioridad del hombre sobre la mujer, pero me detendré aquí. En el futuro espero publicar un libro que ya he comenzado titulado, **"Relaciones de Parejas"**. En este libro abundaré sobre lo expuesto en esta sesión, además de otros temas.

Para resumir, puedo decir que para mi entendimiento, cuando la Palabra se refiere o señala al hombre como cabeza del hogar, significa que tiene mayor responsabilidad, por ejemplo, como proveedor, guardián, etc., de su familia. Este hecho no le convierte en un dictador de todas las decisiones ni de toda actividad que haya que realizarse en el hogar. Por el contrario, esto lo coloca en una posición más delicada, por cuanto es mayor su responsabilidad cuando tenga que dar cuentas al Señor sobre su hogar.

Hasta aquí mi comentario de lo que entiendo que nuestro Señor Jesucristo dijo o aclaró sobre Génesis 3:16[b]. Espero que sirva para esclarecer alguna interpretación errónea sobre este tema.

En Génesis 3:17-19, Jehová pronuncia su sentencia hecha al hombre por su desobediencia.

"Maldita será la tierra por tu causa; con dolor comerás de ella todos los días de tu vida". Génesis 3:17[b]

Son muchos los cambios y bendiciones que la raza humana y la tierra en general recibimos con la venida de nuestro Señor Jesucristo.

"Vosotros sois la sal de la tierra". San Mateo 5:13[a]
"Vosotros sois la luz del mundo". San Mateo 5:14[a]

Cuando aceptamos a nuestro Señor Jesucristo nos convertimos en sal de la tierra y luz del mundo. Ya la tierra no será insípida, ni el mundo estará en tinieblas. Aquí vemos que aquella maldición de la tierra que fue pronunciada en Génesis 3:17[b], es cancelada por Jesucristo, por la voluntad del Padre. Cuando nuestro Señor Jesucristo se fue a morar con el Padre, nos envió el otro consolador, es decir, el Espíritu Santo que mora en cada hijo de Dios. De esta manera comenzó la iglesia, que es el cuerpo de Cristo. Si el cuerpo de Cristo está presente ahora en la tierra, no hay condenación alguna para los que forman parte de este cuerpo aquí en la tierra. Por esta razón, podemos decir que Génesis 3:17[b] ya no tiene vigencia para nosotros. Aunque estamos en este mundo, no somos de este mundo. Para los cristianos la tierra no es maldita, ni nuestro trabajo es motivo de condenación, sino un acto de sumisión y obediencia. Nuestro trabajo nos hace sentir que estamos cumpliendo con la voluntad de Dios. Lo hacemos con amor, sabiendo que su fruto será para bendición, tanto para nuestra familia como para sostener la iglesia del Señor.

El Señor ha dado poder a su iglesia aquí en la tierra para atar y desatar lo que sea necesario para el bienestar y la bendición del cuerpo de Cristo.

"De cierto os digo que todo lo que atéis en la tierra, será atado en el cielo, y todo lo que desatéis en la tierra, será desatado en el cielo". San Mateo 18:18

Esta promesa nos indica que la tierra ya no es maldita para la iglesia, ahora por la misericordia del Señor, la tierra es bendecida para su pueblo.

"Y repentinamente apareció con el ángel una multitud de las huestes celestiales, que alababan a Dios y decían: ¡Gloria a Dios en las alturas, y en la tierra paz, buena voluntad para con los hombres!" San Lucas 2:13-14

Aunque vivimos en esta tierra, podemos tener paz en la tormenta, sin importar las circunstancias.

"Y les dijo: Cuando oréis, decid: Padre nuestro que estás en los cielos, santificado sea tu nombre. Venga tu reino. Hágase tu voluntad, como en el cielo, así también en la tierra". San Lucas 11:2

Ministros, hermanos, ya toda maldición sea generacional, perpetua o como sea, ha sido cancelada por nuestro Señor Jesucristo por la voluntad del Padre. La sentencia de Génesis 3:15-18 ha sido totalmente cumplida y anulada para la iglesia de Cristo. Nosotros no estamos bajo maldición estamos en bendición.

En Génesis 3:19, la Palabra señala la muerte física como parte de la sentencia a la humanidad por haber pecado.

"Con el sudor de tu rostro comerás el pan hasta que vuelvas a la tierra, porque de ella fuiste tomado; pues polvo eres, y al polvo volverás". Génesis 3:19

Esta parte de la sentencia manifiesta una muerte eterna. Aquí no encontramos esperanza de resurrección, pero luego, a medida que la revelación de Dios aumenta, comenzamos a recibir esta esperanza, que llega a su plenitud por medio de nuestro Señor Jesucristo.

> *"Sorbida es la muerte en victoria. ¿Dónde está oh muerte, tu aguijón? ¿Dónde, oh sepulcro, tu victoria?"* 1 Corintios 15:54[b]-55

El apóstol Pablo expresa su sentir con relación a la muerte. En la siguiente porción de la escritura, entiendo que Pablo nos deja ver con mayor claridad lo expuesto en 1 Corintios 15:54[b]-55:

> *"Porque para mí el vivir es Cristo, y el morir es ganancia".* Filipenses 1:21

Pablo sigue expresando que para él el vivir en la carne resulta en beneficio de la obra, pero que su deseo es partir y estar con Cristo. Agrega que estar con Cristo es mucho mejor, pero finaliza diciendo que quedar en la carne es más necesario por causa de la iglesia.

> *"Porque el Señor mismo con voz de mando, con voz de arcángel, y con trompeta de Dios descenderá del cielo; <u>y los muertos en Cristo resucitarán primero</u>".* 1 Tesalonicenses 4:16

Espero que todo lo expresado en esta sección sea de ayuda para aceptar que ya no estamos bajo ninguna maldición. Si nos mantenemos en la voluntad del Señor, tendremos comunión con Él, y Él cuidará de nosotros. Si desobedecemos, entonces nosotros mismos abriremos puertas a demonios y legiones para que influyan y se manifiesten en nosotros. Por tanto, no debemos estar echando culpa o escudándonos en alegadas maldiciones generacionales. No son maldiciones, sino que se debe a nuestra propia concupiscencia, que después de haber conocido al Señor, volvemos a descuidarnos. Si te has descuidado y estás pasando por tribulaciones, arrepiéntete, pide perdón a Dios en el nombre de nuestro Señor Jesucristo, y serás perdonado. Amén.

La reprensión de demonios

En el Nuevo Testamento encontramos algunos casos de reprensión de demonios. No recuerdo casos de reprensión de demonios en el Antiguo Testamento, excepto en el caso de Saúl, que cuando el espíritu malo de parte de Jehová lo atacaba, David tocaba el arpa y el espíritu tenía que salir. Nuestro Señor Jesucristo personalmente echó fuera demonios en varias ocasiones. En ninguno de los casos en que Jesús echa fuera o reprende demonios, se menciona algo sobre la brujería o hechicería popular.

> *"Y cuando llegó la noche, trajeron a él muchos endemoniados; y con la palabra echó fuera a los demonios, y sanó a todos los enfermos".* San Mateo 8:16

> *"Y los demonios le rogaron diciendo: Si nos echas fuera, permítenos ir a aquel hato de cerdos".* San Mateo 8:31

> *"Mientras salían ellos, he aquí, le trajeron un mudo, endemoniado. Y echado fuera el demonio, el mudo habló; y la gente se maravillaba, y decía: Nunca se ha visto cosa semejante en Israel".* San Mateo 9:32-33

Tanto en San Mateo 9:34, 12:24, los fariseos decían que Jesús echaba fuera los demonios, por el poder del príncipe de los demonios. Jesús contesta a los fariseos esta blasfemia contra el Espíritu Santo.

"Y si yo echo fuera los demonios por Beelzebú, ¿por quién los echan vuestros hijos? Por tanto ellos serán vuestros jueces". San Mateo 12:27

"Pero si yo por el Espíritu de Dios echo fuera los demonios, ciertamente ha llegado a vosotros el reino de Dios". San Mateo 12:28

Jesús no sólo echa fuera los demonios Él mismo, sino que al instruir y enviar a los doce, les da autoridad para que ellos también puedan hacerlo.

"Entonces llamando a sus doce discípulos, les dio autoridad sobre los espíritus inmundos, para que los echasen fuera, y para sanar toda enfermedad y toda dolencia". San Mateo 10:1

"Sanad enfermos, limpiad leprosos, resucitad muertos, echad fuera demonios; de gracia recibisteis, dad de gracia". San Mateo 10:8

Jesús había creado una fama tal, que por cualquier lugar que pasara la gente le pedía curar a sus enfermos y liberar a los endemoniados.

"Y he aquí una mujer cananea que había salido de aquella región clamaba diciéndole: ¡Señor, Hijo de David, ten misericordia de mí! Mi hija es gravemente atormentada por un demonio". San Mateo 15:22

"Entonces respondiendo Jesús, dijo: Oh mujer, grande es tu fe; hágase contigo como quieres. Y su hija fue sanada desde aquella hora". San Mateo 15:28

La siguiente escritura es sobre un caso en que un señor llevó un hijo a los discípulos para ser sanado, pero ellos no pudieron reprender el demonio. El padre entonces acudió directamente a Jesús.

> *"Y reprendió Jesús al demonio, el cual salió del muchacho, y este quedó sano desde aquella hora. Viniendo entonces los discípulos a Jesús, aparte, dijeron: ¿Por qué nosotros no pudimos echarlo fuera? Jesús les dijo: Por vuestra poca fe".* San Mateo 17:18-20ª

> *"Pero este género no sale sino con oración y ayuno".* San Mateo 17:21

¿A qué género se refiere Jesús? Existen dos versiones. Unos dicen que el género es el tipo, clase o categoría del demonio. Otros creen que el género a que se refiere Jesús aquí, es la incredulidad. Sea una cosa o la otra, estamos claros en que se requiere ayuno y oración para tratar con estos asuntos de reprensión de demonios.

> *"Estaba en la sinagoga un hombre que tenía un espíritu de demonio inmundo, el cual exclamó a gran voz, diciendo: Déjanos; ¿qué tienes con nosotros, Jesús Nazareno? ¿Has venido para destruirnos? Yo te conozco quién eres, el Santo de Dios. Y Jesús le reprendió, diciendo: Cállate, y sal de él. Entonces el demonio, derribándole en medio de ellos, salió de él, y no le hizo daño alguno".* San Lucas 4:33-35

Esta es una prueba de que si no hay alguien en una iglesia con discernimiento espiritual, los demonios pueden estar cómodamente participando de las actividades. Cuando aquel demonio sabe que Jesús está allí, comienza a hablar, pero Jesús le ordena que calle y que salga del hombre. El demonio salió inmediatamente.

Muchas personas dicen que son cristianas, simplemente porque creen, pero Santiago nos dice que:

> *"Tú crees que Dios es uno; bien haces. También los demonios creen y tiemblan".* Santiago 2:19

Podría continuar señalando otros casos de reprensión de demonios, pero creo que ya es suficiente. El propósito de señalar todos estos casos, es para mostrar que en ninguno de ellos se ha hablado de maldiciones generacionales, ni tampoco de brujería o hechicería popular.

Cuando en una persona cristiana entran demonios, puede deberse a diferentes razones. Cualquiera que sea la razón, esta persona se ha descuidado y se ha salido de la voluntad de Dios. Al quedar desprotegido, sus puertas quedan abiertas para ser invadida de demonios. La invasión de estos demonios no se debe a brujería, ni a hechicería popular, sino al descuido, pecado o a cualquier otra desobediencia a la voluntad del Señor. En ningún lugar, la Biblia nos señala algún tipo de consejo sobre la manera de protegernos de la brujería o hechicería popular o de sus consecuencias.

Pido al Señor que abra nuestro entendimiento para recibir su revelación verdadera, limpia y sin contaminación de fuentes extranjeras. Amén.

Nuestra lucha no es contra carne y sangre

Aquí no estoy diciendo que los cristianos no podamos ser influenciados por los demonios cuando le abrimos las puertas. La Palabra de Dios nos advierte:

> *"Porque no tenemos lucha contra sangre y carne, sino contra principados, contra potestades, contra los gobernadores de las tinieblas de este siglo,*

contra huestes espirituales de maldad en las regiones celestes. Por tanto, tomad toda la armadura de Dios, para que podáis resistir en el día malo, y habiendo acabado todo, estar firmes". Efesios 6:12-13

Podríamos decir que hemos escuchado esto tantas veces, siempre lo mismo. Personalmente siento que si escuchara esto por lo menos una vez por semana, me ayudaría grandemente. Escuchamos esta escritura físicamente con nuestros oídos carnales y a veces aún puede penetrar en nuestro espíritu, pero las luchas, los afanes de este mundo cancelan su efecto, o verdadero mensaje. Aún conociendo esta escritura muchas veces nos sentimos ofendidos, injuriados, calumniados, etc., por algunos de nuestros familiares y de los que nos rodean. Si aplicamos este versículo a la situación que estemos atravesando, entonces podríamos entender que en realidad no son esas personas quienes nos están causando daño sino los entes espirituales que están influyendo en su conducta. ¿Cómo podríamos protegernos de todo este ataque del enemigo y sus secuaces, los demonios? Siguiendo el consejo de la Palabra de Dios:

"Vestíos de toda la armadura de Dios, para que podáis estar firmes contra las asechanzas del diablo". Efesios 6:11

Aquí no nos dice que orad, o vestíos, o nada nos podrá librar de ser acechados por el diablo. Nos recomienda que debemos vestirnos de toda la armadura de Dios para poder estar firmes contra las asechanzas del diablo. Si estamos vestidos y firmes, el diablo nos asechará pero no podrá vencernos. Mientras mejor preparados estemos espiritualmente, menos daño nos podrá causar el diablo. Esta porción de la Palabra nos recomienda <u>toda</u> la armadura de Dios. Para facilitarnos entender este mensaje de la armadura de Dios, la Palabra usa como ejemplo la armadura de un soldado. Si al soldado le falta alguna parte de su armadura, por ahí será atacado por su enemigo y podría ser herido, o quizás totalmente vencido.

> *"Estad, pues, firmes, ceñidos vuestros lomos con la verdad, y vestidos con la coraza de justicia, y calzados los pies con el apresto del evangelio de la paz. Sobre todo, tomad el escudo de la fe, con que podáis apagar todos los dardos de fuego del maligno. Y tomad el yelmo de la salvación, y la espada del Espíritu, que es la palabra de Dios".* Efesios 6:14-17.

Analizando la armadura de Dios presentada en esta escritura, puedo ver que hay un orden establecido para que todo esto pueda ser posible o funcionar. La recomendación presentada aquí es para personas que ya han recibido a nuestro Señor Jesucristo como su único y exclusivo Salvador. Primero que nada, para que estos hermanos puedan vestirse con esta vestidura, deben estar en comunión con el Señor; deben conocer lo expresado en el versículo 6:11-12, es decir, que no tenemos lucha contra carne y sangre, etc. Para poder manifestar la verdad y vestirnos con la coraza de justicia tenemos que estar viviendo una vida santa, o sea, apartada para el Señor; para poder estar calzados con el apresto del evangelio de la paz y tener el escudo de fe, necesitamos escudriñar la Palabra de Dios. La Biblia nos enseña que la fe viene por escuchar la Palabra de Dios. Para tomar el yelmo de la salvación y la espada del Espíritu, que es la Palabra de Dios, tenemos que conocer en qué consiste la salvación, y todo lo relacionado con ella.

"Con Cristo estoy juntamente crucificado" (Gálatas 2:20ª)

"Y si hijos, también herederos; herederos de Dios y coherederos con Cristo, si es que padecemos juntamente con él, para que juntamente con él seamos glorificados. Pues tengo por cierto que las aflicciones del tiempo presente no son comparables con la gloria venidera que en nosotros ha de manifestarse". Romanos 8:17-18.

En esta escritura (versículo 8:17) debemos entender que padecer juntamente con Cristo no es lo que nos dará la salvación eterna. El precio de nuestra salvación eterna fue pagado por nuestro Señor Jesucristo en la cruz del Calvario. Los padecimientos, situaciones negativas o problemas que tendremos en este mundo, los tendremos siendo cristianos o no. La Palabra nos dice que cuando llueve, llueve para todos, justos e injustos. Aquí se nos está ofreciendo consuelo, por cuanto nuestros padecimientos, al igual que Cristo padeció, nos serán recompensados en el juicio de los galardones, si los sufrimos en fe de que a pesar de todo eso, el Señor está con nosotros y aceptamos todo bajo esa esperanza.

El versículo 8:18 nos consuela sobre nuestros padecimientos, reafirmando que la gloria que disfrutaremos en la vida futura, será mucho mayor que todas las aflicciones que tengamos que sufrir en esta vida.

"Y sabemos que a los que aman a Dios, todas las cosas les ayudan a bien, esto es, a los que conforme a su propósito son llamados". Romanos 8:28.

Cuando aceptamos a nuestro Señor Jesucristo como nuestro único y exclusivo Salvador, pasamos de muerte a vida. Pasamos del poder de las tinieblas a la luz, pero aunque desde ese momento tenemos la salvación eterna por gracia, posiblemente necesitamos ser liberados de ataduras. Estas ataduras no son maldiciones generacionales, ni brujerías, sino vicios, malas costumbres y toda cosa que toma el tiempo y lugar del Señor. Cuando nuestro Señor Jesucristo resucitó a Lázaro, aunque estaba vivo, Jesús ordenó a los discípulos, desatadle. El Señor nos da la salvación eterna por gracia, pero nos deja algo que nosotros tendremos que hacer para comenzar a disfrutar de esa salvación aquí en la tierra. A ese comienzo de la salvación es a la que yo le he llamado, "la salvación terrenal", que es la que podemos disfrutar aquí en la tierra, mientras mantenemos la comunión con el Señor. Si rompemos esa comunión, pagaremos las consecuencias del pecado aquí en la tierra, es decir que perderemos esa paz o comunión con el Señor, mientras esa condición o situación dure. Recobraremos y volveremos a disfrutar de esa salvación terrenal cuando nos reconciliemos con el Señor. Una vez que recibimos la salvación eterna por gracia, nunca la perderemos. Si después de haber aceptado al Señor no hacemos lo correcto en nuestra vida, y morimos en esa condición, seremos avergonzados y perderemos nuestros galardones en el juicio de Jesucristo para ser galardonados o avergonzados, pero no perderemos la salvación eterna.

Espero que este escrito sea de provecho para liberar a los cautivos de miedos y creencias sin fundamentos bíblicos. La gloria y la honra sean para nuestro Dios. Amén.

La Brujería o Hechicería Popular (del Vulgo)

En el libro "Jehová-Jireh" y en la sección anterior de este libro, comenté sobre el hecho de que bíblicamente no encontramos maldición alguna que fuese expresada por Satanás o algún demonio. Las maldiciones son pronunciadas por Jehová, por los profetas o por algún hombre de Dios. Mencioné este tema en la clase que se llevó a cabo el sábado 6 de agosto de 2005 en la iglesia Liberando al Cautivo. Luego de finalizada la clase, mi hija mayor, Ana C. Uyemura, me dijo que no quiso interrumpir, pero que ella tenía una duda. Le pedí que me la expresara y me preguntó ¿qué se podría decir sobre las personas que dicen o hacen hechicerías o brujerías? En el momento no pude darle una respuesta, porque en realidad no había analizado este asunto anteriormente. Al llegar a mi casa, la pregunta de mi hija continuaba en mi mente y comencé a buscar en la Biblia sobre el particular. Lo primero que descubrí es que la palabra brujo o brujería como tal, es decir como nosotros la conocemos, no aparece en la Biblia. Entonces busqué sobre: hechicero, hechicería, hechizo, magia, mago, adivino-na, adivinar, adivinación, etc.

No encontré porción alguna de la Palabra que se refiera a daño, beneficio o favor hechos a alguna persona a través de brujerías, ni de hechicerías, ni de ninguno de los medios mencionados anteriormente, realizados por poderes sobrenaturales de alguna persona común. Cuando uso el término persona común, me estoy refiriendo a alguien que no fue profeta, rey o alguna otra persona escogida por Dios en forma especial, en el Antiguo Testamento. En el Nuevo Testamento podemos desechar esta posibilidad totalmente. La brujería o la hechicería popular, es el producto del poder sobrenatural que se les atribuye o que reclaman poseer algunas personas, y alegan que les capacita para invocar, ordenar, y enviar espíritus a causar daños o beneficios a otra(s) persona(s). De aquí en adelante usaré el término "brujería o hechicería popular" para referirme al fenómeno descrito anteriormente. Jehová condena la hechicería porque es catalogada como un tipo de idolatría y para lograr estas hechicerías (lo que es llamado así en la Biblia, no lo que nosotros conocemos como hechicerías y brujerías), se utilizan formas y cosas abominables a Jehová. Malditos los que consultan a los muertos, dice Jehová. En 1 de Samuel 28:7, se nos relata el caso de Saúl y la adivina de Endor. Saúl pide a la adivina que le haga venir a Samuel hacia él. La Palabra nos relata que en una forma extraña, la adivina hizo que Samuel apareciera. En este caso no se hace brujería y tampoco daño a otra persona.

La Palabra nos da ejemplos de maldiciones que son pronunciadas por Jehová Dios, por profetas de Dios o por ciertos hombres escogidos por Dios. Estos son los que la Biblia nos señala como teniendo poder para maldecir. Si hacemos un análisis de las maldiciones de la Biblia, ninguna es pronunciada por el poder de Satanás o demonios, etc., sino por el poder de Dios.

Entiendo que todo esto suena raro, porque no es lo que estamos acostumbrados escuchar, tanto en la calle como en las iglesias. Si me confieso delante del Señor, tengo que aceptar que todo esto ha sido una gran sorpresa para mí también. Hemos sido enseñados, educados y orientados muchas veces por ministros que sólo repiten lo que oyen y no se dedican al estudio de la Palabra en comunión con el Señor. Agradeceré a cualquier persona o hermano que lea sobre este tema, que si tiene algún comentario con base <u>bíblica</u> en desacuerdo con lo expresado aquí, que por favor se comunique conmigo. Subrayé la palabra bíblica, porque valorizo cualquier comentario que se base en la Palabra de Dios. No tengo tiempo para tratar con ejemplos de lo que vio la comadre, el "<u>daño</u>" que le hicieron a fulano o el "<u>fufú</u>" que mató a zutano.

En 1 Samuel se nos narra que Jehová se apartó de Saúl debido a su desobediencia. Saúl comenzó a recibir la visita de un espíritu malo de parte de Dios.

"Y cuando el <u>espíritu malo de parte de Dios</u> venía sobre Saúl, David tomaba el arpa y tocaba con su

mano; y Saúl tenía alivio y estaba mejor, y el espíritu malo se apartaba de él". 1 Samuel 16:23

En este pasaje encontramos que el espíritu malo no procedía de parte de una bruja o hechicera, sino de Dios. También debemos considerar, que la relación de Dios con el hombre en el Antiguo Testamento era muy diferente a la relación que tenemos con Él, ahora en la gracia. La revelación de Dios es progresiva, lo que hace que la relación también sea mejor.

Hermanos, nosotros somos cristianos y nos debemos dejar regir por la Palabra de Dios. Dentro de la iglesia de Cristo se mueven muchas cosas que no son bíblicas, sino que las hemos recibido de otras culturas. Hemos recibido mucho de las religiones orientales, de los africanos, de los indígenas de diferentes regiones del mundo, y otros. La iglesia de Cristo debe ser limpiada de toda esta escoria extranjera. Los ministros debemos comenzar por dedicarnos más al estudio de la Palabra, la oración y el ayuno. Los ministros no debemos seguir aceptando, enseñando y ministrando cosas que se han colado en el cristianismo y que tienden a confundir a los hermanos. Como ministros de Dios, tenemos la responsabilidad que nos exige el Señor.

"Simón, hijo de Jonás, ¿me amas? Pedro le respondió: Sí, Señor; tú sabes que te amo. Le dijo: Pastorea mis ovejas." San Juan 21:16

El Ministerio Liberando al Cautivo, Inc., tiene de parte del Señor, el llamado y la encomienda de señalar y velar por la sana doctrina. Todo este tipo de estudio libera al que está cautivo creyendo todo este tipo de cosas que parecen más brujerías y chabacanerías que "cristianismo".

Cuando la Biblia nos habla de hechiceros, se está refiriendo a algo muy diferente al concepto o significado que nosotros tenemos sobre ese término o palabra. Para nosotros, fuera del contexto bíblico, hechicería es sinónimo de brujería. Cuando hablamos en nuestro contexto diario de brujería o hechicería, fuera de la Biblia, nos estamos refiriendo a personas que por poderes sobrenaturales satánicos pueden preparar brebajes, hacer oraciones, recetas, baños con plantas, perfumes, recomendar la práctica de ritos y muchas otras cosas. Generalmente estas prácticas recetadas o recomendadas, tienen como propósito hacer daño físico o mental, unir a alguien con otra persona aún en contra de su voluntad, e inclusive causarle la muerte a alguien. Otro tipo de hechicería o brujería mundana es llamada magia blanca. Le añaden el adjetivo "blanca", porque ellos dicen que es con un buen propósito. Dicen que lo que hacen es dirigido por Dios a través de ángeles. Alegan romper hechizos, liberar a personas de maldiciones, brujerías, enfermedades, etc.

Sobre este asunto de la magia blanca, la Palabra de Dios la invalida y desmiente esta posibilidad con la siguiente escritura:

> *"Y si Satanás echa fuera a Satanás, contra sí mismo está dividido; ¿cómo, pues, permanecerá su reino?*
> San Mateo 12:26

Es muy triste saber que por ignorancia, debido a la falta de orientación por parte de algunos ministros, muchos cristianos viven en esta confusión. Hay que entender que nadie puede dar de lo que no tiene. Quizás el ministro está más confundido que la misma congregación. A los seres humanos nos atraen las cosas ocultas y también es posible que ministros no ignorantes, sino mal intencionados, utilicen estos recursos de miedos, temores, mitos, etc., para atraer gente a sus congregaciones.

La hechicería y los hechiceros de los cuales nos habla la Biblia, nunca se refieren a los hechiceros o brujos de que se habla por ahí, por los vecindarios.

Hermanos, no teman, ni crean en toda esta mentira satánica. Somos hijos de Dios, que es todopoderoso. Satanás, los demonios ni nadie pueden hacer algo que no sea permitido por el Señor, y cuyo propósito es positivo, es decir para nuestro bien. Se puede dar el caso en que por nuestra propia concupiscencia o pecado permitamos la entrada de demonios a nuestro ser. En este caso pagaremos las consecuencias de nuestro pecado. Creo que existen ministros que no tienen suficientes temas bíblicos para hablar y se aprovechan de estos enredos y confusiones, para poder hablar de algo y mantener entretenida a la congregación.

La Palabra de Dios menciona hechizo, hechicería, hechicero (a), etc., en varias porciones bíblicas. En Éxodo 7:10-12, la vara de Moisés se convierte en culebra y las de los sabios y hechiceros de Egipto hicieron lo mismo con sus encantamientos. En Éxodo 7:20-22, Moisés y Aarón hacen que las aguas se conviertan en sangre y los hechiceros de Egipto hicieron lo mismo. Así continuaron en Éxodo 8:7. En Éxodo 8:16-19, Moisés y Aarón convirtieron el polvo de la tierra en piojos, pero los hechiceros de Faraón no pudieron. Estos hechiceros le dijeron a Faraón: *"Dedo de Dios es este"*, pero el corazón de Faraón se endureció y no los escuchó. De esa manera continuaron Moisés y Aarón haciendo milagros, pero Jehová continuaba endureciendo el corazón de Faraón. Más adelante, en Éxodo 22:18, como parte de la ley, está el siguiente edicto, *"A la hechicera no dejarás que viva"*. Luego, en Deuteronomio 18:9-11, la Palabra les advierte sobre las prácticas idólatras al entrar a la tierra prometida.

"Cuando entres a la tierra que Jehová tu Dios te da, no aprenderás a hacer según las abominaciones de aquellas naciones. No sea hallado en ti quien

haga pasar a su hijo o a su hija, por el fuego, ni quien practique adivinación, ni agorero, ni sortílego, ni hechicero, ni encantador, ni adivino, ni mago, ni quien consulte a los muertos". Deuteronomio 18:9-11

En esta porción de la Palabra se nos da prácticamente la lista de las prácticas idólatras. En ninguna parte de esta cita encontramos que se mencione la brujería o hechicería, que es ejercida, pronunciada o practicada por alguna persona común, que pudiese hacer daño a otra persona. En otras citas que he revisado sobre hechiceros, tales como Isaías 19:3, 57:3; Malaquías 3:5; Apocalipsis 21:8, 22:14; tampoco hay ningún vestigio de la brujería o hechicería en la que creen muchas personas, incluyendo cristianos. También examiné, 2 Reyes 9:22; Miqueas 5:12; Gálatas 5:20; Apocalipsis 9:21, 18:23; Isaías 47:9, 12; Nahum 3:4, y tampoco hay ningún caso de la brujería o hechicería que muchos de nosotros conocemos.

En el libro de los Hechos 8:9-25, encontramos el caso de Simón el mago. El versículo 8:9 dice que Simón había engañado a la gente de Samaria, haciéndose pasar por alguien grande. El 9:11 dice que les había engañado por mucho tiempo con sus artes mágicas. En esta porción bíblica tampoco hallamos nada sobre el tema que estamos discutiendo.

En Hechos 13:6-12, tenemos la narración sobre el mago falso profeta llamado en hebreo Barjesús y en griego Elimas. Este mago resistía a Saulo y a Bernabé, para que no le predicaran el evangelio al procónsul Sergio Paulo. Por esto Pablo pronunció las siguientes palabras contra él:

"Ahora, pues, he aquí la mano del Señor está contra ti, y serás ciego, y no verás el sol por algún tiempo". Hechos 13:11[a]

Hechos 19:19 nos dice que los que practicaban la magia, usaban libros.

Resumiendo todo lo dicho y señalado anteriormente, declaro que no he encontrado en la Biblia ningún caso que reconozca la existencia de poderes malignos, por los cuales una persona pueda invocar algún muerto, demonio o lo que sea, que pueda hacerle daño o bien a otra persona. Entiendo que en realidad estas creencias populares han llegado a nosotros de otras culturas. Las culturas africanas, indias, orientales y de algunas otras regiones, contienen mucho de lo que nos ha invadido a nosotros, en nuestra cultura y aún a la iglesia cristiana.

Hermanos, no crean ni teman a todas estas mentiras satánicas. Satanás y todos sus secuaces sólo pueden hacer lo que Jehová nuestro Dios le permite. Cuando nosotros nos descuidamos y cometemos pecados, el Señor permite la influencia de demonios en nosotros, no por su deseo o voluntad, sino para que nos arrepintamos y pidamos perdón en el nombre de Jesús. Ni Satanás ni sus seguidores pueden hacer nada por sí mismos.

La Palabra no nos advierte de cuidarnos del daño que nos pueden causar los brujos y otro tipo de hechiceros. La Palabra nos dice que "nuestra lucha no es contra carne ni sangre, sino contra potestades, etc.; no dice contra brujos ni hechiceros populares.

Hermanos, recuerdo que cuando era niño, una de las cosas que me fascinaba era, cuando en las noches algunos vecinos se reunían en mi casa o en algún otro lugar para narrar "cuentos de caminos". Eran narraciones interminables sobre brujas, hechizos, brujerías, aparecidos, entierros (tesoros) que dejaban algunas personas al morir, y muchos otros temas. Cuando uno se cría en ese ambiente, es muy difícil liberarse de esos recuerdos dañinos. En muchas ocasiones, todas esas narraciones nos dejan marcados para el resto de la vida. En este momento podría escribir un libro completo sobre este tipo de narraciones. Uno de los puntos más fuertes de estas narraciones es el hecho de que muchas son narradas por personas que uno considera muy sinceras, de credibilidad, honestas. Entre los 16 y 17 años, asistí a unas "fiestas patronales" (feria) con dos primos, uno de mi pueblo Toa Alta, P.R., y el otro de Cataño, P.R. Como a las 2:00 a.m., mientras regresábamos a nuestro barrio, al entrar por un caminito como a media milla de la casa, vimos frente a nosotros una figura acostada en el camino. Medía como seis pies de altura y estaba completamente vestida de blanco. Hacía como una semana que había muerto un vecino, exactamente con la misma descripción y su casa estaba ubicada allí al frente. Uno de mis primos y yo, que éramos de aquella área, nos detuvimos y comenzamos a retroceder. El otro primo, que no era de mi pueblo, no sabía nada del que había muerto y nos dijo: *"Ese tiene que ser un borracho"*. Nosotros le dijimos: *"OK, está bien, ve y verifica tú"*. Él se acercó a la figura y nos llamó, *"acérquense, mira es un señor borracho dormido"*. Nos acercamos y pudimos reconocer a la persona, que era un señor del barrio.

He narrado esta experiencia para decirles que si nuestro primo del otro pueblo no hubiese estado allí, este hecho habría pasado a la historia y habría quedado como una aparición. Experiencias de esta naturaleza son las que forman y crean un ambiente de ocultismo, fascinando a la gente y creando una adicción al ocultismo y a las historias de brujerías, hechicerías, santerías y todo ese tipo de creencias malignas sobrenaturales. Sin querer ofender a nadie, hay predicadores que basan sus "predicaciones" en este tipo de narraciones. Ellos cautivan a la audiencia, debido a que esta clase de narraciones agrada mucho al ser humano. Si se les priva de estas narraciones, en realidad muchos predicadores no tienen mucho más de qué hablar.

Recomiendo a ministros del evangelio revisar sus temas de predicación, porque quizás sin ninguna mala intención, podrían estar realzando, adorando y dando poderes a

Satanás y a sus demonios, que en realidad no tienen. Eso podría catalogarse de idolatría a Satanás, demonios, brujos, hechiceros, etc., que en realidad sólo pueden hacer lo que el Señor les permita, de acuerdo con su voluntad. Cuando nos apartamos de la voluntad del Señor, estamos abriendo las puertas a los demonios y entonces podrán hacernos el daño que solamente el Señor les permita.

> *"Ninguna arma forjada contra ti prosperará, y condenarás toda lengua que se levante contra ti en juicio"*. Isaías 54:17ª

Para poder actuar, tanto Satanás como los demonios, tienen que recibir y sujetarse a órdenes, permisos y encomiendas del Señor.

> *"Dijo Jehová a Satanás: He aquí, todo lo que tiene está en tu mano; solamente no pongas tu mano sobre él. Y salió Satanás de delante de Jehová".* Job 1:12

Satanás se aparece delante de Jehová e indirectamente hace petición a Jehová para que le permita zarandear a Job. Jehová le concede el permiso, pero con ciertas restricciones. Nuestro Dios sabe hasta dónde hemos sido capacitados por Él, para resistir las tentaciones. Él no permite que seamos tentados más de lo que podamos resistir.

En la Palabra de Dios encontramos la narración sobre los endemoniados de Gadara. Eran seres terribles y todos en aquella vecindad les temían. La narrativa nos dice que eran feroces y que nadie podía pasar por aquel camino. Cuando aparece nuestro Señor en la escena aquellos demonios le temen e inmediatamente se sujetan a Él, y le obedecen.

"Y los demonios le rogaron diciendo: Si nos hechas fuera, permítenos ir a aquel hato de cerdos". San Mateo 8:31

Otra narración similar hecha por San Marcos, es un poco más descriptiva sobre la situación de aquella persona poseída por un espíritu inmundo. Esto lo puedes encontrar en San Marcos 5:1-5.

Hermanos, esta narrativa nos permite ver claramente que estos demonios tenían temerosa a toda aquella comunidad. Todo termina cuando nuestro Señor Jesús aparece en acción. Esta historia nos puede aclarar todas esas historias de brujas, zombis, hechiceros, etc., de diferentes partes del mundo como por ejemplo, Haití, República Dominicana, Puerto Rico, Cuba y muchos otros. No estoy negando que esto suceda, pero estoy tratando de aclarar por medio de la Palabra que, el origen y el poder de estas brujas, hechiceros, zombis, etc., sólo se debe a la presencia de legiones demoníacas. La creencia popular, que recibimos de las culturas africanas, indias, orientales, etc., les atribuye más poderes de los que realmente poseen. Recomiendo a ministros de la Palabra, que vuelvan a analizar estas creencias a la luz de la Biblia. En todos los casos que encontramos en la Biblia sobre este asunto, vemos que los demonios tienen que obedecer al Señor. Cuando nosotros aceptamos a Jesucristo como el Señor de nuestras vidas, quedamos sellados con el Espíritu Santo y somos coherederos con el Señor. Recibimos poder de parte del Señor contra demonios, principados, potestades y todas las huestes malignas.

"Y estas señales seguirán a los que creen: En mi nombre echarán fuera demonios". San Marcos 16:17ª

"De cierto os digo quc todo lo que atéis en la lierra, será atado en el cielo, y todo lo que desatéis en la tierra, será desatado en el cielo". San Mateo 18:18

Creo que los ministros del evangelio son los primeros que deben creer la Palabra y su efectividad, para luego poder instruir a otros. Si el ministro está confundido, lleno de todas estas creencias y aberraciones, terminará confundiendo a todo el que reciba su ministración.

"Dejadlos; son ciegos guías de ciegos; y si el ciego guiare al ciego, ambos caerán en el hoyo". San Mateo 15:14

"Mi pueblo fue destruido, porque le faltó conocimiento". Oseas 4:6ª

En mi barrio solían decir que: *"En un valle de ciegos, el tuerto es el rey".* Ministro, métete en la Palabra de Dios y deja de predicar sobre ocultismo y cuentos de caminos. De nuestro Señor es todo el poder, toda la gloria y toda la honra. Satanás y todos sus demonios atemorizan a quien no ha podido digerir bien la Palabra de Dios. También estos demonios pueden causar algún daño, al que no ha conocido al Señor, y al que ha conocido al Señor y luego se ha apartado, saliéndose de la voluntad de Dios y abriendo las puertas al enemigo.

"Y los espíritus, al verle, se postraban delante de él, y daban voces diciendo: Tú eres el Hijo de Dios". San Marcos 3:11.

"Entonces le dijo: Por esta palabra ve; el demonio ha salido de tu hija". San Marcos 7:29

"Estaba en la sinagoga un hombre que tenía un espíritu de demonio inmundo, el cual exclamó a

gran voz, diciendo: Déjanos; ¿qué tienes con nosotros, Jesús Nazareno? ¿Has venido para destruirnos? Yo te conozco quién eres, el Santo de Dios". San Lucas 4:33-34

Ministros, hermanos, amigos, creo que es suficiente evidencia escritural, para dejar establecido que Satanás y sus demonios no tienen poder alguno sobre los cristianos, cuando estamos en la voluntad del Señor. Hermanos, no es sólo cuestión de creer; la Palabra nos dice que:

"Tú crees que Dios es uno; bien haces. También los demonios creen, y tiemblan". Santiago 2:19

Además de aceptar a Jesucristo como Señor y dueño de nuestras vidas, tenemos que escudriñar las escrituras. No es asunto de simplemente aprender y repetir muchos versículos de memoria, lo cual es muy bueno, pero hay más. Escudriñar es penetrar en el mensaje de la Palabra, inspirado y dirigidos por el Espíritu Santo.

"Él (Satanás), ha sido homicida desde el principio, y no ha permanecido en la verdad, porque no hay verdad en él. Cuando habla mentira, de suyo habla; porque es mentiroso, y padre de mentira". San Juan 8:44[b]

Todas estas experiencias, narraciones y enredos sobre cosas sobrenaturales malignas, la Biblia las reduce a la acción demoníaca. Todo esto es posible a las personas que no han conocido ni aceptado al Señor como su Salvador. También pueden ser engañados los cristianos que no han entendido el verdadero mensaje de la Palabra. Estos cristianos permanecen en ignorancia, por falta de un ministro que les oriente, que les ministre un evangelio claro, sano y limpio de contaminación de creencias populares. Uno no puede dar de lo que no tiene, por tanto se recomienda a los ministros del evangelio leer, escudriñar la Palabra y no dejarse llevar por todas estas narraciones y cuentos de caminos. Entiendo que algunos ministros sentirán amenazadas sus teologías y temas de predicación. Les sugiero que oren al Señor, que permitan que Él les hable, que no se sientan avergonzados, y que no se aferren a sus creencias sólo porque las han enseñado por años. Nunca es tarde para recibir revelación del Señor.

> *"Porque vendrá tiempo cuando no sufrirán la sana doctrina, sino que teniendo comezón de oír, se amontonarán maestros conforme a sus propias concupiscencias, y apartarán de la verdad el oído y se volverán a las fábulas".* 2 Timoteo 4:3-4

Son muchos los casos que encontramos en el Nuevo Testamento, donde muchas veces es el mismo Jesús quien invalida todas las creencias pueblerinas sobre los poderes del maligno y sus secuaces.

> *"Dijo también el Señor: Simón, Simón, he aquí Satanás os ha pedido para zarandearos como a trigo; pero yo he rogado por ti, que tu fe no falte; y tú, una vez vuelto, confirma a tus hermanos".* San Lucas 22:31-32

Espero que este comentario sirva para inquietar a ministros para que revisen sus creencias.

Hermanos, amigos, que el Señor nos bendiga, nos ilumine y nos guíe por los senderos de la verdad. Amén.

El Gadareno

Desde hace poco tiempo para acá, los temas de las famosas "Maldiciones Generacionales", la Brujería, hechicería y todo poder demoníaco se han convertido en la fascinación de los cristianos, especialmente en las iglesias pentecostales y en otras independientes. En iglesias tales como bautistas, episcopales, luteranas, y algunas otras, no se le ha dado tanta importancia a esta nueva doctrina. Hoy día en muchos círculos religiosos, estos temas tienen la mayor aceptación y atención. Mientras los ministros predican, enseñan, exhortan a despojarse o liberarse de esas maldiciones, la membresía tiembla por el temor que se les infunde. Cualquier persona aterrorizada es fácil de manipular, sin importar su nivel académico o posición económica, etc. Aducen que todo es causado por maldiciones, las cuales hay que romper. Sin el propósito de ofender a nadie, digo que toda esta situación se parece más al contexto de ese ambiente de brujería pueblerino, que al de una iglesia cristiana. Se habla más y se le da más énfasis al poder de maldiciones, brujería, hechizos, zombis, que al de nuestro Señor Jesucristo. Cada día surgen más predicadores del poder de estas maldiciones, de brujas, etc. Cuando un predicador alude a la narración de alguna experiencia o historia sobre este tipo de cosas, al finalizar su narrativa no debe olvidar de dejar claramente en la mente de los oyentes, que todo el poder de esa clase de cosas es nada, comparado con el poder de nuestro Señor. Debemos dejar claramente establecido que en su nombre, Jesús concedió también a nosotros ese poder sobre los demonios.

> *"De cierto os digo, que todo lo que atéis en la tierra, será atado en el cielo, y todo lo que desatéis en la tierra, será desatado en el cielo".* San Mateo 18:18
> *"Y estas señales seguirán a los que creen: En mi nombre echarán fuera demonios".* San Marcos 16:17ª

Al finalizar la narración, recomiendo relatar la porción bíblica sobre, "El Gadareno" (San Mateo 8:23-24, San Marcos 5:1-17 y San Lucas 8:26-37).

La Palabra describe a los gadarenos como los que moraban en los sepulcros, y que eran tan feroces que nadie podía pasar por aquel camino. San Marcos relata que nadie podía atar al Gadareno, ni aún con cadenas; dice que las hacía pedazos y desmenuzaba los grillos; nadie le podía dominar. Daba voces día y noche en montes y sepulcros, hiriéndose con piedras. San Lucas agrega que no usaba ropas y que estaba así desde hacía mucho tiempo.

Sería sumamente peligroso dejar aquí esta narración, es dañino tanto para el lector como para el oyente. Es muy necesario terminar el relato con la destrucción o eliminación de este mal. Tenemos que realzar el poder de Jesús contra cualquier demonio.

Cuando Jesús pasa por el lugar, San Mateo relata que los demonios clamaron diciendo: *"¿Qué tienes con nosotros, Jesús, Hijo de Dios? ¿Has venido acá para atormentarnos antes de tiempo?"* San Mateo 8:29. Luego *"los demonios le rogaron diciendo: Si nos echas fuera, permítenos ir a aquel hato de cerdos"*. San Mateo 8:31. San Marcos nos dice que, *"cuando vio, pues, a Jesús de lejos, corrió, y se arrodilló ante Él. Y clamando a gran voz, dijo: ¿Qué tienes conmigo, Jesús, Hijo del Dios Altísimo? Te conjuro por Dios que no me atormentes"*. San Marcos 5:6-7. San Lucas narra: *"Este, al ver a Jesús, lanzó un gran grito, y postrándose a sus pies exclamó a gran voz: ¿Qué tienes conmigo, Jesús, Hijo del Dios Altísimo? Te ruego que no me atormentes"*. San Lucas 8:28.

Alguien podría preguntarse, ¿para qué escribo todo esto, que ya está escrito en la Biblia? Mi propósito es subrayar, enfatizar, aclarar, etc., que no importa lo feroz que sea un endemoniado, ya sea figurando como zombi, brujo, hechicero, practicante de vudú, o lo que sea, ante la presencia de Jesús y ahora, frente a un verdadero cristiano, no tiene poder alguno. Tiene que someterse y obedecer.

En un programa de radio de una emisora cristiana, escuché a un predicador expresarse enfáticamente sobre la necesidad de romper conjuros, hechizos o brujerías. Decía en su mensaje, que eso era lo que mantenía a muchos cristianos y a sus familias enteras en condiciones deplorables. Aunque ya había escrito bastante sobre este tema, sentí curiosidad por saber qué dice el diccionario sobre el particular. En el Diccionario General Ilustrado de la Lengua Española encontré lo siguiente:

Conjuro
Imprecación supersticiosa, con la cual cree el vulgo que hacen sus prodigios los hechiceros. Es sinónimo de maldición. (Pág. 415)

Imprecar
Proferir palabras con que se pida o se manifieste desear vivamente que alguien reciba (un mal, daño, desgracia, etc.). Es sinónimo de maldecir. (Pág. 858)

Prodigio
Es un hecho, un suceso sobrenatural. Es una cosa rara o primorosa. También puede ser un milagro. (Pág. 1283)

Recomiendo a maestros, predicadores del evangelio, etc., a centralizar sus mensajes en la Biblia, y no en sueños, visiones, historias, cuentos de caminos y supersticiones en general.

Experiencias o Manifestaciones Sobrenaturales

Comienzo este escrito declarando mi posición en cuanto a las manifestaciones sobrenaturales. Creo en todas las manifestaciones del Espíritu Santo. Creo en los dones, ministerios, milagros, y en todo lo que provenga de Dios. No acepto enseñanza alguna, sueño, visión, etc., que no pase por la prueba o el cedazo de la Biblia. Joel 2:28 nos dice:

> *"Y después de esto derramaré mi Espíritu sobre toda carne, y profetizarán vuestros hijos y vuestras hijas; vuestros ancianos soñarán sueños, y vuestros jóvenes verán visiones".*

Y, 1 Corintios 14:1:

> *"Seguid el amor; y procurad los dones espirituales, pero sobre todo que profeticéis".*

Hay muchos más versículos bíblicos que se expresan en forma positiva sobre experiencias y manifestaciones sobrenaturales. También en el Nuevo Testamento encontramos otros versículos bíblicos que nos advierten sobre manifestaciones carnales, y a veces satánicas o demoníacas. Algunos de estos versículos nos exhortan a escudriñar la Palabra, a escoger lo bueno y desechar lo malo. Ejemplos de estas escrituras son: Gálatas 1:8-9, San Juan 5:39, Hechos 17:10-11, 1 Timoteo 4:7, etc.

La Biblia nos exhorta a no aceptar toda manifestación sobrenatural como revelación de parte de Dios. Dichas manifestaciones deben ser analizadas, estudiadas, a la luz de la Palabra de Dios. No puede existir revelación de parte de Dios, que esté en desacuerdo con lo establecido por la Biblia. Por más real que haya sido la experiencia, tiene que pasar la prueba, el cedazo o filtro de la Palabra de Dios. Existe gran cantidad de porciones bíblicas que nos advierten sobre falsas manifestaciones sobrenaturales.

> *"Donde abundan los sueños, también abundan las vanidades y las muchas palabras; mas tú, teme a Dios".* Eclesiastés 5:7

Otras citas bíblicas, tales como Jeremías 23:32-34, nos hablan de sueños mentirosos. Jeremías 29:8-9 nos ordena no atender a los sueños de aquellos que no han sido llamados por el Señor. Zacarías 10:2 advierte sobre sueños vanos. Jeremías 23:25-28 señalan a los que profetizan engaños.

También varias porciones bíblicas se refieren a visiones vanas y mentirosas. (Ej. Jeremías 14:14; Ezequiel 12:24, 13:6-7, 13:23, etc.). En Jeremías 23:16 se nos advierte sobre visiones del propio corazón.

Hay muchos cristianos que, debido a su trasfondo cultural, han seguido arrastrando y no se han podido liberar de sus creencias supersticiosas y prácticas paganas. Comienzan visitando una iglesia "cristiana", donde en algunas ocasiones, el más confundido es el ministro. Empiezan a utilizar un vocabulario, una jerga cristiana, pero básicamente han continuado con sus prácticas y creencias supersticiosas.

Estas personas supersticiosas se sienten encantadas, seducidas por todo lo sobrenatural. Inmediatamente cuando comienzan a visitar la iglesia, quieren ejercer dones, sin ni siquiera haber comenzado a leer la Biblia. Si no ven mucho movimiento sobrenatural donde se están congregando, se moverán a un lugar donde esto abunde.

Otras personas sin ningún fundamento bíblico, comienzan a visitar una congregación donde son saturadas y se les inculcan doctrinas de hombres. Como consecuencia de estar expuestas por tanto tiempo a esas enseñanzas, a veces traumáticas, terminan enfermándose mentalmente, aunque ellas mismas no lo entienden. Esos dogmas religiosos han penetrado tan profundo en su ser interno, que llegan a formar parte de él (ella) y se pueden manifestar en diferentes experiencias sobrenaturales. Estas personas han sido afectadas, han llegado a aceptar, a creer en estos dogmas, de tal manera que sólo el Señor puede librarlos de esas ataduras. Todas esas enseñanzas se convierten en su realidad. Pueden experimentar sueños, visiones, oír voces, caer en éxtasis, etc. Todos estos dogmas y experiencias sobrenaturales, vienen a formar la base religiosa de esa persona, por encima de la Biblia.

Hay un refrán popular que dice: *"Dios los crea y ellos se juntan"*, y la Palabra nos dice: *"¿Andarán dos juntos sin estar de acuerdo?"* Digo esto porque estos "cristianos" se atraen unos a otros, debido a la similitud en sus creencias. Fortalecen sus creencias y tratan de ganar adeptos a cualquier precio. Sus historias, cuentos, etc., fascinan a mucha gente, e inclusive a hermanos en la fe. Ellos no gustan de hacer estudios sistemáticos y serios sobre la Biblia. Sólo se dedican a escuchar ministros y personas con estos mismos intereses. La Palabra nos dice que: *"si un ciego guía a otro ciego, los dos caerán al precipicio"*, y el mundo dice que: *"en un valle de ciegos, el tuerto es rey"*. Debido a la distorsión de la mente que sufren algunas personas, pueden llegar a cometer atrocidades.

No por rebajar al tipo de personas que son fanáticas de toda esta clase de manifestaciones sobrenaturales, pero si se hace un estudio de ellas, podremos encontrar ciertas características en común que los une.

Los ministros o personas que desean predicar o enseñar sobre la Palabra de Dios, deben usar la Biblia como fundamento o base de su enseñanza. A veces con la mejor intención, pero sin mucha responsabilidad, algunos cristianos se dedican a enseñar, o a repetir lo que escuchan de otros, sin analizarlo bíblicamente.

La revelación máxima, la profecía y toda doctrina de Dios, están expresadas en la Biblia. Las grandes herejías en la historia, han surgido cuando personas han declarado haber tenido alguna revelación, ya sea por sueños, visiones, éxtasis, etc., sin tener fundamento bíblico.

Las falsas revelaciones pueden deberse a diferentes motivaciones. Una de las motivaciones más comunes es la de satisfacer el ego, la cual es producida por la carne. Puede haber un deseo de ser usado por el Señor, pero sin pagar el precio. El precio es dedicar la vida al Señor, orando, ayunando, escudriñando la Palabra, etc. Hay que apartarse del orgullo, la vanidad, la vanagloria, y reconocer que toda la gloria y la honra son del Señor.

Espero que el Señor toque muchas almas confundidas por el enemigo y que se sometan a Su voluntad.

¿Debo Obedecer y Seguir a un Falso Ministro?

> *"Sométase toda persona a las autoridades superiores; porque no hay autoridad sino de parte de Dios, y las que hay, por Dios han sido establecidas".* Romanos 13:1

Aparentemente esta cita bíblica contesta la pregunta del tema, pero veamos cómo cambia este mensaje al analizar esta porción bíblica dentro de su contexto inmediato en el Capítulo 13 de Romanos.

Si tomamos esta porción bíblica aisladamente, fuera del contexto general de la Biblia, entenderemos una cosa, pero si la analizamos a la luz de toda la Palabra, su significado cambiará. Esta cita bíblica aislada, la podemos usar como excusa para seguir a alguien que está en una posición superior a la nuestra, y declararnos inocentes, aunque no esté recto en la obediencia a la Palabra de Dios. ¿Cómo sabremos si es un falso ministro? La Palabra nos dice que por sus frutos los conoceréis.

Pueden ser varias las razones de esta persona para seguir al líder que sabe está actuando incorrectamente en cuanto a la obediencia a la Palabra de Dios. Es posible que le guste también lo que hace su líder y se escuda en su aparente sumisión; está obteniendo parte de las ganancias monetarias; o que gusta de la popularidad que está disfrutando por estar al lado de ese líder.

Si analizamos los versículos subsiguientes a Romanos 13:1, encontraremos que aquí Pablo se está refiriendo a autoridades superiores que están en línea con la Palabra de Dios. Cuando estudiamos especialmente los versículos 3-4, podremos ver claramente lo expresado en la oración anterior.

> *"Porque los magistrados no están para infundir temor al que hace el bien, sino al malo. ¿Quieres, pues, no temer la autoridad? Haz lo bueno, y tendrás alabanza de ella; porque es servidor de Dios para tu bien. Pero si haces lo malo, teme; porque no en vano lleva la espada, pues es servidor de Dios, vengador para castigar al que hace lo malo".* Romanos 13:3-4

Está claro que si un magistrado o un líder abusa de su poder en contra del que se opone a su maldad, no es alguien a quien se deba obedecer o seguir. Estos versículos continúan señalando que ese magistrado o líder, "es servidor de Dios para tu bien". El que no obedece la Palabra de Dios, sólo busca su bien personal, no es un servidor de Dios para tu bien, sino para satisfacerse él mismo. Por tanto, esta persona no es digna de seguirle ni de obedecerle.

> *"Han dejado el camino recto, y se han extraviado siguiendo el camino de Balaam hijo de Beor, el cual amó el premio de la maldad".* 2 Pedro 2:15

Aquí se nos advierte de los falsos maestros semejantes a Balaam, los cuales juegan y manipulan el evangelio para satisfacer su codicia, egoísmo, ambición, etc. No tienes que seguir a estos falsos maestros que se han contaminado por su avaricia, orgullo, vanidad, vanagloria, etc. Si conociendo la verdad les sigues, no debes olvidar que Eva quiso excusarse con la serpiente y Adán con

Eva, pero todos hemos tenido que pagar por su desobediencia.

> *"Mas os escribí que no os juntéis con ninguno que, llamándose hermano, fuere fornicario, o avaro, o idólatra, o maldiciente, o borracho, o ladrón; con el tal ni aún comáis".* 1 Corintios 5:11

> *"Porque a los que están fuera, Dios juzgará. Quitad, pues, a ese perverso de entre vosotros".* 1 Corintios 5:13

Estos versículos son buenos para los que gustan de predicar que no se debe juzgar, o señalar el pecado de los otros. Como he dicho anteriormente en otros escritos, estas personas "pacificadoras", quieren taparse y protegerse con algunos versículos bíblicos, para que no se les señale el mal que están causando en el pueblo de Dios.

He escuchado varias predicaciones, en las cuales para cubrirse o defenderse de ser señalados por sus malas obras, estos ministros utilizan la narración que se encuentra en 1 Samuel 24:6 y 26:9-11. De esta narración, ellos señalan que en varias ocasiones David tuvo la oportunidad de eliminar al rey Saúl, pero no lo hizo porque Saúl todavía era el rey ungido de Jehová. Lo que quieren poner en la mente de la iglesia es que como ellos son "ministros", aunque estén en pecado, nadie está supuesto a señalarles ese pecado... sólo Dios. Tratan de inculcar en la mente del laico que tienen que continuar siguiéndoles y obedeciéndoles, porque son "ordenados por Dios". Esta es la llamada doctrina Nicolaíta.

Hermanos, no se dejen engañar, el tiempo de los reyes pasó. Ahora estamos en una nueva dispensación. En la dispensación de la gracia, cuando aceptamos a nuestro Señor Jesucristo, todos pasamos a ser hijos de Dios con las mismas demandas y privilegios. Fueron los nicolaítas los que dividieron la iglesia, creando diferentes castas y rangos.

> *"Mas nosotros sois linaje escogido, real sacerdocio, nación santa, pueblo adquirido por Dios, para que anunciéis las virtudes de aquel que os llamó de las tinieblas a su luz admirable".* 1 Pedro 2:9

La cita bíblica anterior debe servir para dejar establecido en nuestras mentes que en el pueblo de Dios, aunque seamos llamados a ejercer diferentes ministerios, ante el Señor somos iguales. En el Antiguo Testamento, Dios tenía unas relaciones especiales con ciertas personas como reyes, profetas, etc., a quienes descendía el Espíritu de Dios. Ahora, desde el momento que aceptas a Jesucristo, eres sellado con el Espíritu Santo. Ya este Espíritu de Dios no se manifiesta sólo en algunas personas selectas, sino en todos los cristianos.

> *"Porque es preciso que entre vosotros haya disensiones, para que se hagan manifiestos entre vosotros los que son aprobados".* 1 Corintios 11:19

Me parece escuchar a hermanos muy bien intencionados, pero muy mal informados, reprender este versículo bíblico. Esto se debe a que sólo se les ha ministrado las partes más fáciles y sencillas del evangelio. Sólo se les ha enseñado a obedecer ciegamente, a someterse a lo que su líder les diga, sin importar lo que sea, ni cómo esté su líder con el Señor.

> *"Amados, por la gran solicitud que tenía de escribiros acerca de nuestra común salvación, me ha sido necesario escribiros exhortándoos que contendáis ardientemente por la fe que ha sido una vez dada a los santos".* San Judas 1:3

La Palabra de Dios continúa exhortándonos a contender contra los falsos ministros, engañadores, que se aprovechan de su posición y de la falta de conocimiento de gran parte de la iglesia, para su propio beneficio. Estos son los ministros que desean mantener la iglesia en ignorancia, entreteniéndoles con diferentes actividades que no tienen nada que ver con el evangelio. Como ya han perdido su comunión con Dios, estos ministros tienen que recurrir y continuar con sus propias estrategias, manipulaciones e inventos, para poder retener a un pueblo que no ha sido bien alimentado con la Palabra.

La Murmuración de Aarón y María

Una de las porciones bíblicas más usadas por los nicolaítas de hoy día para infundir miedo a la Iglesia de Cristo, está en Números 12:1-15. María, profetiza, fue la que dirigió a las mujeres israelitas en el canto y la danza después que cruzaron el mar rojo (Éxodo 15:20-21). Ella era hermana de Moisés y de Aarón. En Éxodo 2:4, 7 y 8, se relata que una hermana del niño Moisés, vigilaba la arquilla de juncos en que este fue echado al río. Se cree que esa niña era María.

Aarón, hermano mayor de Moisés y de María, fue seleccionado por Jehová para hablar por Moisés. Aunque Aarón fue buen colaborador de Moisés, no tenía las cualidades de líder de este. Aarón se dejaba dominar por el pueblo. Él y su hermana María sentían envidia, celos de Moisés por su posición; hablaron contra Moisés y María estuvo leprosa por siete días.

En la época de Moisés, en el Antiguo Testamento, él fue el vaso <u>escogido por Jehová para dirigir a toda la nación israelita</u>. No había nadie más que tuviese el poder y la posición de Moisés de parte de Dios. Jehová trataba directa y personalmente con Moisés. Él fue el escogido para ser boca de Dios, una sola boca de Dios. Su relación con Jehová era de tú a Tú. <u>Moisés era único, todo el pueblo tenía que obedecerle</u>. Aarón y María, sus hermanos, como seres humanos, sintieron celos y envidia de la posición de Moisés y murmuraron contra él. Buscaron un motivo para basar sus murmuraciones y usaron el hecho de que Moisés había tomado una mujer cusita (descendiente de Cus, quien era hijo de Cam, hijo de Noé y padre de Nimrod, el que construyó la Torre de Babel).

En el Antiguo Testamento Jehová trataba directamente sólo con algunas personas escogidas. Esas personas podían ser reyes, profetas y alguna otra persona escogida por Jehová. El Espíritu de Dios descendía solamente sobre esas personas, en un momento dado y por una razón especial. Cuando el escogido de Dios se apartaba de la voluntad de Jehová, el Espíritu de Dios se apartaba de ellos, o no se manifestaba. Esos escogidos de Dios eran personas muy especiales para Dios, a los cuales el pueblo tenía que obedecer. El pueblo no entraba en contacto directo con Dios, sino a través de estas personas escogidas.

A principios de este mensaje comenté que esta porción bíblica es muy utilizada por algunos ministros para provocar o infundir miedo en los cristianos. Este miedo tiene el propósito de lograr, que sin importar los pecados que estén cometiendo algunos ministros, la feligresía no se atreva a decir ni hacer nada para que no les suceda como a María. En la lectura del libro, "Jehová Jireh", y en otros temas tratados aquí, he señalado ejemplos y escrituras nuevo testamentarias que nos exhortan a no permanecer al lado de esta clase de hermanos o ministros. El pecado hay que señalarlo sin importar quién sea el que lo está cometiendo.

Ahora, en el Nuevo Testamento, en la dispensación de la gracia, todo el que acepta a Jesucristo como su único y exclusivo Salvador, es sellado con el Espíritu Santo. Desde ese momento morará en esa persona para siempre. Si la persona se aparta de la voluntad de Dios, el Espíritu Santo se contrista, pero no se va como en el

Antiguo Testamento. Luego esa persona es perdonada, cuando se arrepiente de corazón y pide perdón a Dios en el nombre de Jesucristo. El hecho de que la persona sea perdonada por parte de Dios, no implica que no tendrá que pagar las consecuencias de su pecado. En el juicio del "Tribunal de Cristo", todo lo que uno haya hecho, será presentado delante de Cristo y seremos recompensados por nuestras buenas obras y avergonzados por las obras malas. Este es el juicio para ser galardonados o avergonzados. Muchas citas bíblicas se refieren a este juicio y a veces son confundidas con las citas que hablan de la salvación eterna. Debemos pedir al Señor discernimiento para poder distinguir cuándo una porción bíblica se refiere al juicio del "Tribunal de Cristo", y cuándo nos está hablando del "Juicio del Trono Blanco". El Juicio del Trono Blanco es para los que irán a condenación eterna, no para los que hemos sido redimidos por la sangre de Cristo.

Ahora, en la dispensación de la gracia, nuestra relación con Dios cambia. Ahora no dependemos de ninguna persona especial, porque el Espíritu Santo de Dios está en cada uno de los que hemos aceptado verdaderamente al Señor. Ahora no tenemos que obedecer ciegamente a ningún hombre. Aún en Jeremías 17:5 dice, *"Así ha dicho Jehová: Maldito el varón que confía en el hombre y pone carne por su brazo, y su corazón se aparta de Jehová"*. También Jeremías 17:7 dice, *"Bendito el varón que confía en Jehová, y cuya confianza es Jehová"*.

En varias escrituras, tanto en el Antiguo como en el Nuevo Testamento, el Señor nos estimula a analizar las cosas, vengan de quien vengan. En Isaías 7:15 dice, *"Comerá mantequilla y miel hasta que sepa desechar lo malo y escoger lo bueno"*.

Resumiendo, puedo decir que aquellos derechos y privilegios que poseían aquellas personas especiales del Antiguo Testamento, tales como: reyes, profetas y otros, se fueron con el Antiguo Testamento. Ahora no hay personas especiales para Dios. Hoy día todos los que aceptamos a Jesucristo somos real sacerdocio, nación santa, pueblo escogido por Dios. Al aceptar al Señor, somos sellados con el Espíritu Santo. Ante el Señor todos somos iguales, con iguales oportunidades, derechos y privilegios, sin importar la posición o ministerio que ocupemos. Ahora se puede señalar el pecado de un laico, de la misma manera que el de un ministro. Sólo los ministros nicolaítas exigen un trato especial.

Aunque terminaré este segmento aquí, podría hacer un libro completo sobre la Palabra de Dios que nos exhorta, nos autoriza, y ordena a apartarnos y a combatir a ministros que no anden rectamente bajo la voluntad de Dios.

> *"Respondiendo Pedro y los apóstoles, dijeron: Es necesario obedecer a Dios antes que a los hombres".* Hechos 5:29

Ministro o laico que has leído este segmento, no te dejes engañar. Recuerda que la Palabra de Dios es la que te debe regir y no las estrategias de algunos líderes corruptos. Si es que tienes conocimiento de que lo que estás haciendo no es agradable a Dios, arrepiéntete y pídele perdón en el nombre de Jesucristo y serás perdonado. Amén.

Ser Llamado No Implica Ser Escogido

> *"porque muchos son llamados, mas pocos escogidos".* San Mateo 20:16[b]

Muchos miembros de congregaciones y aún ministros, pueden haber sido llamados y haberse incorporado y envuelto en la iglesia, sin haber aceptado verdaderamente, de corazón al Señor. Esto puede ocurrir debido a diferentes razones. Hay infinidad de motivaciones para que una persona se acerque al pueblo de Dios. Unos pueden hacerlo por los panes y los peces; otros, por deseos de poder, de popularidad, y aún buscando riquezas materiales. Algunos lo hacen para complacer a familiares, a una novia, o esposa cristianos. Si continuara nombrando razones no terminaría nunca, así que resumo señalando que existen innumerables motivaciones.

Estas personas que se han acercado al pueblo de Dios con estas motivaciones, si no aceptan al Señor de corazón, estarán perdiendo su tiempo en todo lo que hagan. El solo perder su tiempo no es nada comparado con todo el daño que hacen. Pueden usar la Palabra de Dios y lograr que ocurran milagros y maravillas. Esto es lo que confunde a personas que no han profundizado mucho en la Palabra. Estas personas que como dice la escritura, "perecen por falta de conocimiento", al ver la manifestación de estos milagros y prodigios, aceptan a esa persona como ministro de Dios. Estos cristianos deben entender que lo que ocurre es que Dios honra su Palabra, que no regresa vacía. Esto es lo que el Señor nos expresa en San Mateo 7:21-23.

> *"No todo el que me dice: Señor, Señor, entrará en el reino de los cielos, sino el que hace la voluntad de mi Padre que está en los cielos. Muchos me dirán en aquel día: Señor, Señor, ¿no profetizamos en tu nombre, y en tu nombre echamos fuera demonios, y en tu nombre hicimos muchos milagros? Y entonces les declararé: Nunca os conocí; apartaos de mí, hacedores de maldad".* San Mateo 7:21-23

En realidad me sorprende la manera en que viven y ministran algunas personas que están ocupando altos cargos y posiciones en las esferas cristianas. He llegado a la conclusión que no tienen temor de Dios. Pareciera que el enemigo de las almas les ha cegado. Su conciencia les ha sido cauterizada y ya no pueden ver el abismo hacia el cual se dirigen. Han sido tan confundidos por los deseos de la carne y de este mundo, que ya no son capaces de entender que morirán y tendrán que dar cuentas al Señor. Están ciegos espiritualmente, tergiversan las escrituras a su conveniencia y están como anestesiados por Satanás. Siguen hacia delante con sus malévolos propósitos sin importarles todo el daño que causan a los más pequeñitos. Saben que el cristiano humilde, que el Señor compara con ovejas, depende de su pastor, el cual sin que ellos se percaten, los puede llevar como becerros al matadero. Esto que digo aquí se puede certificar con los malos ejemplos que han sucedido en algunas congregaciones que han sido dirigidas por un pastor fuera de la voluntad de Dios, que los ha guiado a muchas cosas malas, inclusive al suicidio.

Me siento conmovido cuando veo y escucho la forma como algunos ministros guiados por su codicia y ambición, no tienen misericordia de aquellos cristianos que no conocen mucho de la Palabra y se aprovechan de ellos. Les manipulan y esclavizan a diezmar y a ofrendar para cuanta causa se les ocurre, sin importarles la situación financiera de estos hermanos. Si nuestro Señor cumplió con la ley de Moisés y la mayoría de estos ministros lo saben, ¿cómo es posible que desobedezcan tan crudamente la voluntad de Dios?

Nuestro Señor Jesucristo advierte sobre este tipo de cristianos o ministros.

> *"¿Por qué me llamáis, Señor, Señor, y no hacéis lo que yo digo?"* San Lucas 6:46

Ministro que lees o escuchas este mensaje, todavía estás a tiempo de arrepentirte y tratar de sanar todo el daño que has causado. Medita en tu ministerio y pídele a Dios que te muestre su voluntad en cuanto a la ministración de las finanzas en la iglesia de Cristo. Que el Señor te bendiga. Amén.

La Ministración Fogosa

Todos hemos observado cuán fácil es lograr emocionar a la gente. En conciertos de música mundana, los asistentes y mayormente la juventud, pueden emocionarse de tal manera que inclusive hieren su propio cuerpo. Hacen cosas increíbles bajo este tipo de estímulo.

En la política y en otras áreas encontramos predicadores que logran lo que desean a través de su mensaje y principalmente de su estilo fogoso. Puedo seguir señalando ejemplos de diferentes formas de entusiasmar y lograr emocionar a las personas para obtener lo que se desea de ellos.

El asunto que en realidad deseo señalar es sobre el estilo de ministración fogosa en la iglesia, ya sea utilizando música movida, cánticos repetitivos, enfatizando la tonalidad, etc. Este estilo de ministración fogosa puede ser utilizado en la predicación también. Hay predicadores que con sólo sacarse dos o tres gritos, decir varias palabras en "lenguas", brincar y dar varias patadas en el piso, hacer gestos drásticos con sus movimientos, sus manos, etc., y un par de puños en el atril, logran que la congregación caiga en "bendición". ¿Será esa "bendición", una verdadera bendición del cielo, o emoción de la carne? En ocasiones he pensado, ¿qué responderían las personas, si al terminar ese servicio se les pregunta, qué aprendieron? Cada cual debe escudriñar en su interior, ¿qué es lo que verdaderamente está sucediendo? ¿Qué es lo que está provocando esa animación, excitación, emoción o bendición? Creo que la duración de este estado anímico puede arrojar luz sobre las preguntas anteriores. ¿Qué sucede después de salir del templo? ¿Cómo te sientes al día siguiente, sientes el mismo entusiasmo, la misma "bendición"? Esto te puede ayudar a conocer qué es lo que en realidad está ocurriendo. Luego de haber hecho alguna "promesa de fe", de haber dado alguna suma de dinero, cuando ya no estás bajo la influencia de este tipo de estímulo emocional, ¿sigues pensando que está bien lo que hiciste? ¿No te arrepientes de lo hecho?

Hermanos, las presiones sicológicas, estrés, ansiedad, y tantas situaciones opresivas y depresivas, etc., que experimentamos en nuestro diario vivir, nos guían a desear y a buscar algún tipo de escape o descanso. Debemos estar conscientes y no confundir lo emocional con lo espiritual. En las congregaciones, al igual que en el mundo, hay ministros que están conscientes de todo lo expresado anteriormente y se aprovechan de la iglesia de Cristo. Son especialistas en la manipulación de la sensibilidad del ser humano y su labor es mucho más fácil con el creyente. Disfruta, gózate, pero también cuídate. Quizás este mensaje no te agrade mucho y pienses que soy negativo, pero sólo deseo alertarte para que luego, cuando despiertes de la "bendición", lo que te hayan sacado no te haga daño espiritual.

Que Dios te bendiga, te cuide y no te deje ser manipulado(a) por ministros ambiciosos e inescrupulosos.

El Pacto con Abraham

> *"Pero Jehová había dicho a Abram: Vete de tu tierra y de tu parentela, y de la casa de tu padre, a la tierra que te mostraré".* Génesis 12:1

Sin importar el riesgo de dejar su lugar de seguridad, Abram creyó a Dios, obedeció su mandato y salió hacia donde Jehová le había indicado. Abram siguió en obediencia, moviéndose bajo la voluntad de Dios.

> *"Y creyó a Jehová y le fue contado por justicia".* Génesis 15:6

Luego Jehová le pide a Abraham que le sacrifique a su hijo Isaac. Abraham obedeció una vez más las difíciles peticiones de Jehová. Jehová detuvo el sacrificio, porque pudo confirmar la determinación de Abraham de obedecerle y cumplir, sin importar lo dolorosa que fuera la demanda. Este acto de sumisión y obediencia movió a Jehová a continuar bendiciendo a Abraham con mayores promesas.

> *"En tu simiente serán benditas todas las naciones de la tierra, por cuanto obedecisteis a mi voz".* Génesis 22:18 y Hechos 3:25

Luego Jehová establece la circuncisión como la señal del pacto con Abraham.

> *"Dijo de nuevo Dios a Abraham: En cuanto a ti, guardarás mi pacto, tú y tu descendencia después de ti por sus generaciones. Este es mi pacto, que guardaréis entre mí y vosotros y tu descendencia después de ti: Será circuncidado todo varón de entre vosotros".* Génesis 17:9-10

Creo que los que enfatizan tanto en el pacto de Jehová con Abraham, se han olvidado que la señal de ese pacto era la circuncisión. Aconsejo a estos judaizantes que desistan de continuar mezclando unas cosas con otras, con el único propósito de justificar la exigencia y el cobro de diezmos ahora en la gracia.

Hermanos, ninguno de estos actos o situaciones tienen nada que ver con diezmos. Ni la fe ni la justicia de Abraham tienen relación alguna con diezmos. El caso que ocurre en Génesis 14:1-20, donde Abram da a Melquisedec los diezmos del botín de guerra, es un hecho aislado desconectado de la fe que le es contada por justicia a Abram. La fe que le fue contada a Abraham por justicia, fue el hecho de salir de su tierra y de su parentela y su acto de sacrificar a su hijo Isaac.

No hay ningún pacto con Abraham que tenga que ver con diezmos.

Hay ministros cuyos deseos carnales y materialistas los han guiado a caer en estado de turbación, de confusión y buscan e inventan todo el argumento posible para satisfacer sus aspiraciones carnales. Sueñan o ambicionan estar viviendo en el reino de Dios, donde se han autodenominado los recaudadores de los impuestos del reino, los diezmos. Enseñan que a Dios hay que pagarle impuestos, creo que esto es una blasfemia... una barbaridad. Para muchos ministros, el sacrificio de Jesucristo en la cruz del Calvario no tuvo validez alguna. Estos ministros prefieren retornar a las demandas de la ley, para así tener derecho a recibir los diezmos de la ley que correspondían a los hijos de Leví.

Cuando se dividieron los bienes y propiedades del pueblo de Israel entre las 12 tribus, a la tribu de Leví le fue asignado el 10%. A esta tribu de Leví le correspondería la labor sacerdotal. Ellos servirían a las 11 tribus restantes en sacerdocio. Creo que Dios no les permitió recibir propiedades para que se dedicaran plenamente al servicio sacerdotal y no estuviesen preocupados o envueltos en otros negocios del mundo.

El ministro que en verdad es llamado por el Señor en la dispensación de la gracia, también es protegido financieramente por Dios.

"El obrero es digno de su alimento".
San Mateo 10:10[b]

"...El obrero es digno de su salario..."
San Lucas 10:7

En estas citas vemos que es bíblico, que el ministro u "obrero" que es llamado por Dios, debe ser sostenido por la congregación que sirve. Ahora en la dispensación de la gracia, el ministro u obrero no es sostenido por diezmos sino por las ofrendas. En esta dispensación, las demandas legales del diezmo que formaban parte de la ley, son sustituidas por ofrendas de un dador alegre. Ahora el Espíritu Santo mora en cada persona que ha aceptado a Jesucristo como único y exclusivo Salvador. Es el Espíritu Santo que mora en nosotros, el que estimula al cristiano a ofrendar generosamente para el sostenimiento de la obra de Dios. Anteriormente en la dispensación de la ley, el Espíritu Santo no moraba en los religiosos de la época, sino que dependían de leyes materiales o físicas que tenían que cumplir. Por medio de sus propios esfuerzos y manipulaciones, muchos ministros obligan al pueblo a aportar para las finanzas. La tarea sería más fácil, si estos ministros demandaran del Señor la fe necesaria para poder confiar que si Él les llamó, Él suplirá para el sostenimiento económico. En las cosas del Señor, el esfuerzo propio y el uso de estrategias humanas sólo nos conducirán a caer en estados de ansiedad, de depresión, desánimo y muchas otras condiciones negativas.

Comprendo que después de haber estado acostumbrado a un sistema de manipulación y estrategias humanas, no es nada fácil rendirse a la voluntad del Señor, debido a la falta de fe y a veces al orgullo, vanidad y vanagloria que pueden haber inflado al ministro, de tal manera que sólo el poder de Dios le bajará de ese pedestal... de esa nube.

El Cristianismo Ficticio

Es sorprendente ver la manera como están funcionando muchas iglesias cristianas hoy día. Muchas congregaciones funcionan como cualquier club social. Los miembros que pagan su cuota pueden disfrutar y participar en ministerios y actividades. La cuota es mayor que en los clubes seculares, se trata del 10% del ingreso bruto, más las diferentes ofrendas, “promesas de fe”, y otros. Los que pagan membresía, muchas veces lo hacen sabiendo que recibirán lo que ellos desean. Recibirán algún “name tag” (etiqueta con el nombre), con un título como, ujier, anciano, maestro, etc., etc., Los que cantan, podrán hacerlo para “el Señor”, siendo escuchados por la iglesia local, radio, televisión, Internet, etc. En cierto modo, esto es como funciona cualquier club: pagas membresía porque recibes ciertos beneficios o cosas que te agradan. Si no pagas la cuota, no podrás participar. Todo esto es muy diferente a la manera como la Palabra dice que la iglesia debe funcionar.

El Señor te puede llamar a un ministerio, pero si no te es posible aportar cierta cantidad de dinero, en algunas iglesias no te aceptarán, aunque el Señor te haya llamado. Es triste y digno de preocupación, ver cómo muchas iglesias cristianas se han comercializado, corrompiéndose. Todo lo que tienen en mente es dinero. Los pastores de otras iglesias que no están tan comercializadas, al ver los logros o “triunfos” de los pastores de algunas grandes congregaciones, comienzan a copiar algunas prácticas anti-bíblicas y a tratar de hacer las mismas cosas. En ocasiones, esos pastores de pequeñas iglesias, que quizás agradaban al Señor con lo que estaban haciendo, comienzan a crecer también. Ellos no pueden entender que ese crecimiento en membresía, y por supuesto, económico, tarde o temprano les será de condenación.

Deseo aclarar que no estoy en contra del progreso y crecimiento, sino de la forma como a veces se manipula. Es terrible ver cómo almas que han sido llamadas por el Señor, son echadas de las iglesias, debido al acoso económico. Repito que llegará el día que tendremos que dar cuentas al Señor sobre todo esto.

A veces pienso, ¿cómo podrán cumplir con sus responsabilidades muchas personas que viven en la Florida Central, recibiendo un sueldo mínimo por hora?

Algunas con más suerte, ganan ocho o nueve dólares y tienen que pagar rentas caras y todos los demás gastos. Encima de todo eso, tenemos a la "iglesia" demandando el 10% de ese sueldo bruto. Muchos cristianos dejan de cumplir con algunos deberes para cumplir con "¿Dios?", debido a la manipulación que los tiene acorralados. Estos han sido adoctrinados de tal forma, que inclusive en ocasiones incurren en deudas, para luego finalmente amargados, apartarse de la iglesia. Se olvidan que la Palabra nos exhorta a no contraer deudas, e igualmente nos dice que no prometamos lo que no tenemos. Aquellos ministros, algunos doctores, reverendos, continúan su vida holgada, disfrutando de la comodidad de su casa, automóviles, paseando por el mundo, etc. ¡Qué forma de tomar su cruz y seguirle!, ¡Qué sacrificio vivo!

Nicodemo y el Nuevo Nacimiento

> *"Este vino a Jesús de noche, y le dijo: Rabí, sabemos que has venido de Dios como maestro; porque nadie puede hacer estas señales que tú haces, si no está Dios con él".* San Juan 3:2

Nicodemo, principal entre los judíos, maestro de la Palabra, comprometido con su posición ante los concilios, fue a Jesús de noche. Subrayo de noche, porque esto indica que no quería ser visto con Jesús por la gente. En su confesión en San Juan 3:2, queda claro que Nicodemo había creído en Jesús y su ministerio, pero había ataduras que le mantenían apartado del Señor. Aunque Nicodemo había entendido quién era Jesús, su posición ante los hombres le era más valorada, importante, o deseada, que identificarse y unirse a lo que sabía era la verdad.

En los versículos de San Juan 7:40, encontramos que aquel pueblo estaba dividido en cuanto a sus opiniones sobre Jesús. En todo este conflicto, los fariseos y los principales sacerdotes quisieron juzgar a Jesús sin escucharle ni hacer investigación alguna. En esta escena encontramos a Nicodemo interfiriendo en defensa de Jesús, enfrentándose a fariseos y sacerdotes. Ahora encontramos a un Nicodemo que, debido a su posición, no se identifica abiertamente como cristiano, pero sale a la defensa de Jesús. Luego de la muerte de Jesús, en San Juan 19:39, Nicodemo llevó a José de Arimatea como cien libras de un compuesto de mirra y de áloes. El cuerpo de Jesús fue preparado para la sepultura, de acuerdo con la costumbre entre los judíos.

Aunque Nicodemo mantuvo parcialmente oculta su creencia en el Señor, hubo ocasiones como la que se describe en San Juan 7:50-51, donde se arriesgó a entrar en problemas por defender al Señor. Esta acción de parte de Nicodemo fue positiva, pero no es la postura que desea el Señor. Nicodemo servía al Señor a medias y eso no es agradable a Dios. Dios no comparte su gloria con nada, ni nadie.

Hoy en día existen muchos ministros Nicodemos que, conociendo verdades bíblicas, prefieren callar y escogen agradar y honrar a sus concilios y "grandes líderes", antes que obedecer, someterse y seguir la Palabra de Dios. No puedo comprender cómo estas personas pueden despreciar el mensaje del evangelio y seguir complaciendo su carne.

Jesús habla a Nicodemo de cosas espirituales, pero Nicodemo, saturado de la ley, no podía entender lo espiritual.

> "*¿Eres tú maestro de Israel y no sabes esto?* San Juan 3:10[b]

> *"Si os he dicho cosas terrenales, y no creéis, ¿cómo creeréis si os dijere las celestiales?* San Juan 3:12

En su ministerio terrenal, Jesús se enfrentó a escribas, fariseos y todo representante de la ley. Jesús no vino a abrogar la ley, sino a cumplirla y así lo hizo. La ley era básicamente materialista y para cumplirse generalmente había que recurrir a prácticas o actividades físicas. Había que sacrificar animales, rociar su sangre, pagar impuestos o diezmos, etc. Había lugares especiales para adorar, personas selectas, a través de las cuales se podía tener cierta relación con Dios. Se hacían ciertos ritos, necesarios, requeridos por ley, para poder cumplir con la demanda de Dios. Si escudriñas el Antiguo Testamento, encontrarás que son innumerables las prácticas físicas o materiales que eran necesarias, obligatorias hacer para cumplir con la ley de Moisés.

Durante su ministerio terrenal, a Jesucristo lo confrontaron o le tentaron sobre los diferentes estatutos de la ley. En San Juan 8:3, los escribas y fariseos le traen una mujer adúltera para tentarlo. Querían atrapar a Jesús, citándole lo expresado en la ley de Moisés.

> *"Si un hombre cometiere adulterio con la mujer de su prójimo, el adúltero y la adúltera indefectiblemente serán muertos".* Levítico 20:10

> *"Si fuere sorprendido alguno acostado con una mujer casada con marido, ambos morirán, el hombre que se acostó con la mujer y la mujer también; así quitarás el mal de Israel".* Deuteronomio 22:22

Ministros, hermanos, desde el ministerio terrenal de Jesús, siempre han existido religiosos muy celosos de las partes de la ley que les conviene. A través de los evangelios los Hechos de los Apóstoles y las epístolas, podemos apreciar la lucha, tanto de Jesús como de los apóstoles, discípulos, etc., en contra de los judaizantes. En la actualidad, estos judaizantes todavía continúan su actividad. Dos grandes ejemplos de la labor judaizante de hoy, son sus enseñanzas sobre la "Salvación Eterna" y "La Mayordomía de las Finanzas".

La salvación eterna la recibimos por gracia, pero los judaizantes modernos la quieren llevar a las obras de la ley y si se les permite, la venden. La mayordomía de las finanzas en la ley, era cumplida pagando los diezmos y ofrendas que imponía y requería la ley. Jesús transformó, elevó, modificó las disposiciones físicas, materialistas de la ley, a un contexto o dimensión espiritual. La ley del diezmo, la cual tenía que ser cumplida por el pueblo de Israel, Jesús la elevó espiritualmente a la ofrenda voluntaria de un dador alegre. Ahora la ley no es la de Moisés, sino la ley del amor, la cual es inspirada por el Espíritu Santo que mora en nuestro interior.

Ministros, hermanos, amigos, es necesario obedecer a Dios antes que a los hombres. Jehová es un Dios que no comparte su gloria con nadie. No pongas por encima de Dios a concilios y a "famosos ministros". Eso es idolatría. Cuando estés claro sobre algún tema o asunto bíblico, acéptalo y no lo calles por temor a perder amistades o beneficios. Sé fiel al Señor primero que a ninguna institución o persona humana. Jehová es Dios, Jesucristo es el Señor y el Espíritu Santo es nuestro Consolador. Amén.

CAPITULO VI

LA MAYORDOMIA DE LAS FINANZAS

Introducción: Los judaizantes

La lucha de los apóstoles en contra de las demandas de los judaizantes comenzó desde los inicios de la Iglesia. Ellos deseaban ser cristianos, pero a la vez querían que los nuevos convertidos observaran la ley de Moisés.

> *"Pero algunos de la secta de los fariseos, que habían creído, se levantaron diciendo: Es necesario circuncidarlos, y mandarles que guarden la ley de Moisés".* Hechos 15:5

Los apóstoles y ancianos se reunieron para tratar el asunto. Pablo y Bernabé tuvieron una gran contienda con estos judaizantes. Pedro expresó su opinión en aquella reunión:

> *"Ahora, pues, ¿por qué tentáis a Dios, poniendo sobre la cerviz de los discípulos un yugo que ni nuestros padres ni nosotros hemos podido llevar?"* Hechos 15:10

Después de que Pedro habló, tomaron la palabra Santiago y Jacobo. En este concilio, finalmente se llegó a la siguiente conclusión:

> *"Por lo cual yo juzgo que no se inquiete a los gentiles que se convierten a Dios, sino que se les escriba que se aparten de las contaminaciones de los ídolos, de fornicación, de ahogado y de sangre".* Hechos 15:19-20

En el libro de los Hechos 15:5, algunos de los fariseos pedían que los gentiles convertidos fueran circuncidados y que guardaran la ley de Moisés. Luego de analizar y discutir ampliamente el asunto, se llegó a una decisión sabia y prudente. Los gentiles convertidos no tendrían que ser circuncidados, ni estarían bajo la ley sino en la gracia. Hubo una recomendación que se expresa en Hechos 15:19-20, pero su motivo o razón fue para mostrar gracia, y no como requisito para la salvación. De esta manera, los judíos piadosos no serían escandalizados, ni ofendidos, porque para ellos estas cosas mencionadas en Hechos 15:19-20 eran de las más abominables.

El capítulo 14 de Romanos nos exhorta principalmente a no ser de tropiezo a nuestros hermanos más débiles en la fe. El versículo Romanos 14:21 resume el contenido y mensaje de todo el capítulo:

> *"Bueno es no comer carne, ni beber vino, ni nada en que tu hermano tropiece, o se ofenda, o se debilite".*

Todo lo que he expresado arriba, tiene el propósito de señalar, qué parte de la ley se recomendó guardar, y cuál fue la razón de tal recomendación. Aquí no vemos ni siquiera a los judaizantes mencionar nada sobre el diezmo.

Lo que expresa Pedro en Hechos 15:10, señala el querer exigir a los cristianos el cumplimiento de la ley de Moisés, como manera de tentar a Dios. Pienso yo, ¿No se estará incurriendo en el mismo pecado al querer imponer los diezmos a los cristianos, en la dispensación de la gracia? Ministro que lees este libro, piensa, medita en lo que estás haciendo. Llegará el día en que tendremos que dar cuentas al dueño de la viña. Que el Señor te guíe y te bendiga. Amén.

El Diezmo Antes, Durante y Después de la Ley

La ofrenda de Caín y Abel

"Y aconteció andando el tiempo, que Caín trajo del fruto de la tierra una ofrenda a Jehová. Y Abel trajo también de los primogénitos de sus ovejas, de lo más gordo de ellas. Y miró Jehová con agrado a Abel y a su ofrenda; pero no miró con agrado a Caín y a la ofrenda suya. Y se ensañó Caín en gran manera, y decayó su semblante." Génesis 4:3-5

En esta porción de la Palabra, debemos observar que, aquí no se está hablando de diezmos, sino de ofrendas. Aquí queda claramente establecido que lo mejor debe ser para el Señor. El Señor se agrada de nuestras ofrendas cuando estas son ofrecidas desde lo profundo de nuestro corazón. La ofrenda debe ser voluntaria y no actuar como Caín, que quiso cumplir y aparentar que él estaba ofrendando lo mejor. Quizás si Caín no hubiese ofrendado nada, el Señor hubiese tratado diferente con él, pero la hipocresía, querer cumplir por cumplir, no es agradable a Dios. Algo similar ocurre cuando Ananías y Safira mienten, tratando de aparentar ser como otros que eran sinceros de corazón. A Ananías y Safira se les dijo que pudieron haberse quedado con todo si querían, porque todo era de ellos. El pecado de ellos fue la mentira. Creo que también el pecado de Caín fue tratar de hacer creer al Señor que estaba ofrendando de corazón, lo que también fue una mentira como en el caso de Ananías y Safira.

Abram entrega a Melquisedec los diezmos del botín de guerra

"Y le bendijo, diciendo: Bendito sea Abram del Dios Altísimo, creador de los cielos y de la tierra; y

> *bendito sea el Dios Altísimo, que entregó tus enemigos en tu mano. Y le dio Abram los diezmos de todo".* Génesis 14:19-20

Esta es la primera vez que se menciona el diezmo en la Biblia. El diezmar no era algo que el pueblo practicaba. Este caso fue una situación especial, es decir, un caso aislado. Debido a la relación especial de Abram con Jehová, la revelación recibida por él también era especial. La relación y la revelación de aquel pueblo con Jehová Dios, no era la misma que la de su Patriarca Abram. Podemos resumir que Jehová le reveló a Abram una parte de los requisitos de la futura ley. Luego que el pueblo de Israel aceptó voluntariamente dicha ley, les fue impuesta para tener que cumplirla en su totalidad.

Algunos ministros más astutos que otros, se han percatado de que las diferencias existentes entre las dispensaciones de "la ley" y "la gracia", pueden ser visualizadas claramente por la iglesia, gracias a la organización de la Palabra en las dispensaciones. Como defensa o argumento para continuar exigiendo diezmos, estos ministros han recurrido a otro tipo de razonamiento más sofisticado. En su empeño de continuar impulsando el pago de diezmos, han formulado algo así como un tipo de teorema geométrico. Ahora están tratando de que la congregación acepte, aunque no entienda nada, y visualice el diezmo como un concepto o desde un punto de vista espiritual. Están tratando de explicar una jeringonza inventada y elaborada desesperadamente, diciéndole a la gente que el acto de diezmar, como en el caso de Melquisedec, debe ser por revelación, o sea por fe, y no por ley.

Lo curioso del argumento de la revelación para diezmar, es que Jehová no concedió esta revelación a su hijo Jesucristo, ni a los apóstoles, ni a los discípulos, ni a la iglesia primitiva. Parece que quieren decir que esta revelación le fue dada al clero de esa época y al imperio francés, como ya se ha señalado en la página 12 de este libro. En el libro de los Hechos 15:20, podemos encontrar que los apóstoles judíos hacen cuatro recomendaciones a los cristianos gentiles, y no se menciona el diezmo en ninguna de ellas. *"Apártense de la contaminación de los ídolos, de fornicación, de ahogado y de sangre".* Creo que es un grave error continuar tratando de ir por encima de lo estipulado por la Palabra de Dios.

Indirectamente acusan a la congregación de que el que no diezma, es porque no tiene fe; si no tiene fe, es porque no mantiene una buena relación con Dios y por tanto, hay algo malo que está sucediendo. Todas estas son estrategias y manipulaciones humanas, que utilizan las emociones y sensibilidad del cristiano. En esta jeringonza o rompe-cabezas, utilizan el pacto de Abraham de una manera tan confusa, que dejan a la congregación aturdida aplaudiendo, diciendo amén, pero sin realmente haber entendido nada. Que Dios tenga misericordia de estos ministros.

Hay predicadores que utilizan varias citas bíblicas y las ordenan de tal manera, para manipular y hacer creer que el caso de Melquisedec nos señala el deber de continuar diezmando aún en la dispensación de "La Gracia". Ellos expresan su argumento a favor del diezmo en "La Gracia" de la siguiente manera:

Melquisedec era tipo de Cristo porque Hebreos 7:3[b] dice: *"sino hecho semejante al Hijo de Dios".* Luego en Hebreos 5:10 nos dice que Cristo, *"fue declarado por Dios sumo sacerdote según el orden de Melquisedec".* Continúan su argumento señalando que Abraham, *"dio diezmos del botín"* a Melquisedec. Su conclusión final es que, *"los que son de fe, estos son hijos de Abraham".* Gálatas 3:7. Cuando estos ministros usan esta escritura, lo que intentan establecer es que como nosotros los cristianos somos de fe, entonces tenemos que diezmar, aunque estemos en "La Gracia". O sea que los cristianos debemos entregar los diezmos a los "ministros de Cristo" aquí en la tierra.

Los ministros que no están de acuerdo con este tipo de razonamiento, también tienen sus argumentos que niegan esta forma de pensar.

Cuando Melquisedec tomó de Abraham los diezmos, en Hebreos 7:6, Melquisedec todavía vivía aquí en la tierra. Aunque Cristo era del linaje sacerdotal de Melquisedec y vivió también en la tierra, nunca reclamó diezmos de nadie ni hay evidencia de que los recibió de nadie. No hay cita bíblica que señale que Cristo insinuara siquiera sobre el deber de diezmar.

Diezmar-bendecir, o viceversa

> *"Pero aquel cuya genealogía no es contada de entre ellos, tomó de Abraham los diezmos, y bendijo al que tenía las promesas".* Hebreos 7:6

El versículo 7:6 de Hebreos, que es el que más se utiliza en muchos púlpitos, dice que Melquisedec tomó los diezmos que Abram le dio y le bendijo. Contrario a Génesis 14:18-20 y a Hebreos 7:1-2, en el versículo anterior se invierten las acciones de bendecir y dar diezmos, a dar diezmos y bendecir. Este hecho implica que en la mente del autor, tanto de Génesis 14:18-20 como de Hebreos 7:1-6, no estaba la idea de un acto como respuesta o consecuencia al acto anterior. Para aclarar, Melquisedec no bendijo a Abraham porque le dio diezmos, ni Abraham dio diezmos para ser bendecido. Ambos fueron actos voluntarios, gratuitos y desinteresados.

Creo que muchos ministros de hoy día deben meditar y tomar estos ejemplos de esta interrelación entre Abraham y Melquisedec. Deben esperar que las personas de la congregación, alegremente aporten lo máximo posible para sostener la obra de Dios. No deben desesperarse y comenzar a inventar estrategias humanas para forzar espiritual y sicológicamente a la congregación para cumplir con la ley que ya nuestro Señor Jesucristo cumplió y clavó en la cruz del Calvario.

El acto de diezmar de Abraham y la futura ley

> *"Y por decirlo así, en Abraham pagó el diezmo también Leví, que recibe los diezmos; porque aún estaba en los lomos de su padre cuando Melquisedec le salió al encuentro".* Hebreos 7:9-10

En esta porción bíblica se establece cierta relación entre el acto de dar diezmos de Abraham, que es como sombra de la futura ley, en la cual Leví recibiría los diezmos. Siempre que se habla del diezmo de Abraham, se dice que Abraham dio. Cuando la Biblia nos habla del acto de diezmar bajo la ley, se dice pagó o entregó. Hay diferencias entre dar y pagar. El dar es algo voluntario, y el pagar es el acto de cumplir con una deuda, es decir, algo que se requiere, que hay que hacerlo, a gusto o no, porque es un deber. Aquí nos dice que cuando Abraham dio los diezmos a Melquisedec, indirectamente Leví los pagó también, porque aunque Leví no había nacido todavía, es decir, no existía; luego nacería procedente de la raíz de Abraham. Cuando se dice que Leví estaba en los lomos de Abraham, lo que se quiere señalar es que Leví sería un futuro descendiente de Abraham. Estos versículos dejan establecido que aunque el dar diezmos de Abraham fue mucho antes de existir la ley, con todo eso, estos versículos relacionan este acto de diezmar de Abraham con Leví, quien luego recibiría los diezmos bajo la ley. Aquí en ningún momento la Biblia relaciona lo que hizo Abraham con La Gracia, sino con la ley.

El voto de Jacob (Génesis 28:11-22)

En esta narración vemos que Jacob es enviado por su padre Isaac a tomar mujer en Aram a casa de Betuel, que era el padre de Rebeca, madre de Jacob. Es decir, que Betuel era el abuelo de Jacob. En el camino, yendo a casa de Labán su tío, Jacob sintió sueño. Se recostó a dormir y soñó. Jacob vio una escalera, ángeles bajaban, subían y Dios estaba arriba.

> *"E hizo Jacob voto, diciendo: Si fuere Dios conmigo, y me guardare en este viaje en que voy, y me diere pan para comer y vestido para vestir, y si volviere en paz a casa de mi padre, Jehová será mi Dios. Y esta piedra que he puesto por señal, será casa de Dios; y de todo lo que me dieres, el diezmo apartaré para ti".* Génesis 28:20-22

Aquí vemos que Jacob hace como una especie de trato con Jehová. Jacob comienza su voto con la palabra, *"Si..."*, o sea que aquí se comienza estableciendo una condición para dar el diezmo. Jacob no dice te daré el diezmo y te ruego que me bendigas. La condición de Jacob es recibir primero para luego dar. Después al pasar el tiempo, cuando surge la ley, la parte referente al diezmo ya no es un voto hecho, ni una condición establecida; es simplemente una ley que hay que cumplir.

Israel acepta la ley

> *"Y todo el pueblo respondió a una, y dijeron: Todo lo que Jehová ha dicho, haremos. Y Moisés refirió a Jehová las palabras del pueblo".* Éxodo 19:8

En este versículo se encuentra la aceptación de la ley de parte del pueblo de Israel. Dicha ley contenida en el Pacto Mosaico consistiría de los mandamientos, los juicios y las ordenanzas. La ley no le fue impuesta al pueblo de Israel, le fue ofrecida y en Éxodo 19:8, el pueblo voluntariamente la aceptó. Una vez que el pueblo la acepta, tendría que cumplirla totalmente, cosa que les sería imposible. Al aceptarla, quedaron sometidos a ella. Una parte de esta ley sería el pagar los diezmos. Como parte de la ley, esto era necesario y requerido hacerlo.

Levítico 27:30-32 expresa que el diezmo sería para Jehová, pero luego en Números 18:21-24, Jehová los da a los hijos de Leví. Por esta razón, los hijos de Leví no tendrían herencia alguna. Números 18:1-20 dice que las ofrendas serían para Aarón y sus hijos. Números 18:21-24 también nos dice que los diezmos serán para los hijos de Leví.

En Hebreos 7:1-5 Pablo vuelve a enfatizar que los diezmos son para los que son sacerdotes de los hijos de Leví, según la ley, de sus hermanos los Israelitas.

Los sacerdotes, hijos de Leví

> *"Ciertamente los que de entre los hijos de Leví reciben el sacerdocio, tienen mandamiento de tomar del pueblo los diezmos según la ley, es decir, de sus hermanos, aunque éstos también hayan salido de los lomos de Abraham".* Hebreos 7:5

Este versículo aclara una serie de interrogantes a los ministros que aún tienen dudas sobre este asunto de diezmar en la dispensación de La Gracia. Me dirijo a los que puedan tener dudas, porque hay otros que no tienen duda alguna, sino que quieren seguir aprovechándose a sabiendas. ¿Quiénes tienen mandamiento de tomar del pueblo los diezmos según la ley? Los que de entre los hijos de Leví reciben el sacerdocio. ¿De cuál pueblo los hijos de Leví tienen mandamiento de tomar los diezmos? Del pueblo que vive, según la ley, es decir, de sus hermanos. Entiendo que la presencia de este versículo bíblico en medio de los versículos que hablan del caso de la relación entre Melquisedec y Abraham, tiene un significado muy importante. Parece como si este versículo hubiese sido colocado en este lugar estratégico para enfatizar que el acto de diezmar pertenece a la ley y no a La Gracia. Recomiendo a ministros del evangelio de nuestro Señor Jesucristo, que piensen bien sobre las consecuencias que pueden surgir al estar estableciendo relaciones entre personajes bíblicos y situaciones para formular y reforzar sus doctrinas.

Los diezmos según la ley

"Y aquí ciertamente reciben los diezmos hombres mortales; pero allí, uno de quien se da testimonio de que vive". Hebreos 7:8

Los hombres mortales que reciben los diezmos aquí, son los que ya han sido señalados anteriormente en Hebreos 7:5, o sea que este versículo se está refiriendo a los sacerdotes hijos de Leví, los cuales tenían mandamiento de tomar del pueblo los diezmos según la ley. Uno de quien se da testimonio de que vive, es nuestro Señor Jesucristo.

Hermanos, cuando escribí la parte de mayordomía financiera en el libro "Jehová Jireh", no incluí el versículo señalado anteriormente, porque no lo creí necesario. Llegué a la conclusión de que no era necesario comentarlo, porque al ser leído dentro del contexto donde se encuentra, no hay lugar a dudas de qué hombres mortales se está hablando. Los defensores del diezmo no desestiman ninguna cita bíblica, ni oportunidad que les brinde la posibilidad de usarla para defender su causa, el diezmo. Como he dicho anteriormente, conceptúo una irresponsabilidad extraer de su contexto, como sacada con pinzas, cualquier cita bíblica y presentarla a alguien. Dios sabrá cómo tratar con ministros carentes del conocimiento, pero a otros ministros que saben muy bien lo que están haciendo, el Señor les demandará.

El comentario en la Introducción de este libro (Hebreos) nos dice que, *"Los pasajes doctrinales aquí, revelan el propósito de esta epístola. Ella fue escrita con un doble intento: 1) Confirmar en la fe a los judíos cristianos, demostrándoles que el judaísmo había llegado a su fin, al cumplir Cristo todo el propósito de la ley; y 2) los pasajes exhortatorios muestran que el escritor tiene en mente el perenne peligro a que están expuestos los judíos que han profesado la fe cristiana, es decir, el peligro de regresar al judaísmo o de no poseer la verdadera fe en Jesucristo".* Biblia Scofield (Pág.1246).

He tomado este tiempo y espacio porque creo que es necesario para los que hemos sido llamados a predicar el mensaje del evangelio, aprender a presentar una porción bíblica dentro de su contexto. Si citamos el versículo de Hebreos 7:8 fuera de su contexto, surgirán varias preguntas. La principal será, "¿Quiénes son esos hombres mortales a que se está refiriendo este versículo?" El ministro que ha citado el versículo, sabiendo que la gran mayoría de las personas no leen y que los que leen algo generalmente, no se esfuerzan en buscar el verdadero mensaje de lo leído, se aprovechará de eso. Dirá que esos hombres mortales somos todos nosotros, porque todos somos hombres mortales. Con esto, la persona a quien se le está ministrando quedará convencida, aunque no satisfecha.

Aunque verdaderamente no es necesario, pero será más que suficiente si lees Hebreos 7:1-10 para tener una visión clara del versículo que estamos estudiando. Este versículo se está refiriendo a los sacerdotes levitas, que son los hombres mortales que reciben los diezmos aquí en la tierra. Digo que reciben, porque creo que todos sabemos que todavía hay un pueblo judío que sigue viviendo bajo la ley. El versículo 7:5 dice, *"Ciertamente los que de entre los hijos de Leví reciben el sacerdocio, tienen mandamiento de tomar del pueblo los diezmos según la ley, es decir, de sus hermanos, aunque estos también hayan salido de los lomos de Abraham".* El versículo 7:9 dice, *"Y por decirlo así, en Abraham pagó el diezmo también Leví, que recibe los diezmos".*

Hermanos, no se necesita de mucho entendimiento para poder ver que aquí se nos está hablando de los judíos que vivían en la ley. Ellos tenían que cumplir la ley y una de sus partes era pagar el diezmo a los sacerdotes levíticos.

El sacerdocio de Melquisedec (Hebreos 7:8[b])

Antes de publicar un libro, acostumbro pasarlo a algunas personas, para que me den sugerencias, señalen errores o alguna parte que pueda necesitar revisión. En este sentido, deseo reconocer la labor de la joven colombiana, Mónica Rivera, por sugerirme la necesidad de revisar la parte que paso a comentar.

> *"Pero allí, uno de quien se da testimonio de que vive".* Hebreos 7:8[b]

Hermanos, confieso que la primera vez que comenté sobre esta segunda parte de este versículo, simplemente me limité a señalar que, *"allí, uno de quien se da testimonio de que vive",* se refiere al paraíso y a Melquisedec como tipo y sombra de Jesucristo.

Cuando Abraham regresa de la batalla, le rinde honor a Melquisedec (personaje bíblico mencionado por primera vez en Génesis 14:18-29), al entregarle los diezmos del botín de guerra. Este acto de Abraham implica el reconocimiento de superioridad espiritual del que bendice sobre el que diezma. Este era rey de Salem (antigua Jerusalén) y sacerdote del Dios altísimo. De Melquisedec no se menciona origen, ni se dice nada sobre su muerte, por tanto es sacerdote para siempre.

Aunque no profundicé en la segunda parte de este versículo, pude percibir que la explicación del significado de su mensaje era un reto. El reto surge al relacionar esta segunda parte con la primera. Este reto consiste en poder explicar, ¿Cómo es que nuestro Señor Jesucristo, representado por el "tipo, Melquisedec", puede recibir nuestros diezmos allí?

Cualquier ministro materialista diezmero, simplemente dirá que Él (Melquisedec) los recibe aquí en la tierra, a través de sus ministros. La Palabra nos dice que es allí donde Él los recibe, no aquí. En el contexto de la primera parte del versículo, dice claramente quiénes son los hombres mortales que los reciben "aquí". Estos hombres son los sacerdotes hijos de Leví.

Entonces, ¿Cómo, de qué manera será posible pagar los diezmos al Señor que está "allí"? ¿Qué será lo que el Señor demanda de nosotros, utilizando el simbolismo del diezmo?

Nuestro Señor elevó los estándares del Antiguo Testamento, de físicos y materiales, a niveles espirituales, en la dispensación de la gracia. Por tanto, ahora el acto de diezmar, en el contexto de la segunda parte de Hebreos 7:8, tendrá una connotación más elevada, es decir, espiritual. Por todo lo dicho anteriormente, entiendo que esos diezmos simbólicos se refieren a vivir una vida dedicada a Él. Mantener comunión con Él, sometiéndonos, dándole la gloria, el honor y la honra.

El acto de diezmar durante el Antiguo Testamento, significó obediencia, respeto, sometimiento, honra, o sea, el reconocimiento de la superioridad espiritual del que recibe los diezmos, con relación a quien los paga. El que bendice es superior al bendecido. Ahora, en la dispensación de la gracia, el Señor demanda de nosotros la misma reverencia, pero no diezmando materialmente. El acto de diezmar materialmente fue abolido por nuestro Señor Jesucristo en la cruz del Calvario. Ahora también el

Señor demanda esta reverencia, pero a través de un diezmo espiritual simbólico, basado en lo señalado al comienzo de este párrafo.

Espero en el Señor que esto haya sido suficiente para que no te dejes engañar más... basta ya. Que Dios te bendiga. Amén.

Cristo nos redimió

"¿Robará el hombre a Dios? Pues vosotros me habéis robado. Y dijisteis: ¿En qué te hemos robado? En vuestros diezmos y ofrendas. Malditos sois con maldición, porque vosotros la nación toda, me habéis robado". Malaquías 3:8-9

"Cristo nos redimió de la maldición de la ley, hecho por nosotros maldición (porque está escrito: Maldito todo el que es colgado en un madero)". Gálatas 3:13 y Deuteronomio 21:23

¿Por qué muchos ministros se atreven a desmentir la Palabra de Dios sin ningún temor? En diferentes escritos, la Palabra nos dice que ya fuimos redimidos de la maldición de la ley, entonces ¿por qué insisten en revivir esas viejas maldiciones? ¿Cómo se atreven a amenazar y atemorizar al cuerpo de Cristo, para manipularlo con maldiciones pasadas y cumplidas, erradicadas por el Señor en la cruz del Calvario?

Ministros y hermanos líderes en general, cuidémonos de no estar dando coces contra el aguijón. No tomemos las palabras que dirigió Malaquías al pueblo de Israel en la "dispensación de la ley" para aplicarlas a la iglesia de Jesucristo. Podrás engañar y manipular a muchos hermanos con menos conocimientos que tú, pero hay Alguien a quien no podrás engañar... arrepiéntete.

La ofrenda en "La Gracia"

Como hemos comentado anteriormente, no existe ninguna evidencia bíblica que sostenga o apoye el acto de diezmar en la dispensación de La Gracia. Vemos que en esta dispensación sólo se habla de ofrendas de un dador alegre, sin manipulación alguna.

> *"En cuanto a la ofrenda para los santos, haced vosotros también de la manera que ordené en las iglesias de Galacia. Cada primer día de la semana cada uno de vosotros ponga aparte algo, según haya prosperado, guardándolo, para que cuando yo llegue no se recojan entonces ofrendas".* 1 Corintios 16:1-2

En los versículos siguientes, veremos para qué se recogían ofrendas en los comienzos de la iglesia. Esas ofrendas no eran para construir edificios ni para los ministros darse la buena vida, no debemos olvidar que Pablo trabajaba voluntariamente. Otros ministros eran sostenidos por las iglesias o congregaciones con las ofrendas. Eran sostenidos en cuanto a lo necesario sin sacrificar a los ofrendantes.

> *"Ahora, pues, llevad también a cabo el hacerlo, para que como estuvisteis prontos a querer, así también lo estéis en cumplir conforme a lo que tengáis. Porque si primero hay la voluntad dispuesta, será acepta según lo que uno tiene, no según lo que no tiene. Porque no digo esto para que haya para otros holgura, y para vosotros estrechez".* 2 Corintios 8:11-13

Estos hermanos habían prometido ofrendar. Posiblemente sería una ofrenda extra a la acostumbrada para ayudar a algunos hermanos que estaban en necesidad. Aquí Pablo no está manipulando a prometer lo que no tienen. De estos versículos se desprende que la iglesia de Corinto se había ofrecido a ofrendar, pero no se le había manipulado a prometer ninguna cantidad específica. Lo dicho anteriormente se sostiene con las palabras, *"conforme a lo que tengáis"*. Pablo recalca que si el ofrendante tiene la voluntad de hacerlo, *"será acepta según lo que uno tiene, no según lo que no tiene"*. Creo que este énfasis que Pablo da a la aclaración de que el ofrendar será a base de lo que uno posee, tiene un significado, una enseñanza profunda. Hoy día escuchamos a algunos ministros manipular a la congregación, guiándolos a hacer *"promesas de fe al Señor"* de lo que no tienen. Apelan a las emociones de las personas, guiándoles a mostrar la fe que tienen haciendo promesas. Luego la pobre persona se traumatiza cuando no puede cumplir con lo que le manipularon prometer.

Satanás trata de tentar a Jesucristo en el desierto. *"Si eres Hijo de Dios, di que estas piedras que se conviertan en pan"*. San Mateo 4:3[b]. *"Si eres Hijo de Dios, échate abajo; porque escrito está: A sus ángeles mandará acerca de ti, y, en sus manos te sostendrán, para que no tropieces con tu pie en piedra"*. San Mateo 4:6. ¿Cree usted que Jesucristo no tenía fe y poder suficientes para probar que ambas cosas podían ser posibles si Él deseaba?

Hermanos, esa súper-fe que muchos ministros están exigiendo a sus feligreses es muy dañina y peligrosa. Debemos tener cuidado de no presionar a hermanos humildes para que tienten al Señor, manipulándolos para que ofrezcan lo que no tienen. Esto es contrario a lo que nos dice la Palabra, que todo debe ser "conforme a lo que tengáis". No creo que agrade al Señor, que se cuestione la fe de un cristiano, a base de las aportaciones económicas que hace.

Algunos ministros predican que hay que *"llevar los diezmos al alfolí"*, no importa que veas a alguien careciendo de un bocado de comida. Creo que muchos ministros han llegado a perder la sensibilidad y amor al prójimo, guiados por sus egoístas ambiciones. Sólo piensan en engrandecerse a través de sus grandes templos y sus posiciones. Estos ministros no aprenden de las experiencias de otros, se olvidan que mientras más alto se está, será más duro el golpe al caer. Estos ministros han olvidado las enseñanzas bíblicas referentes al amor y a la misericordia.

> *"Y cualquiera que dé a uno de estos pequeñitos un vaso de agua fría solamente, por cuanto es discípulo, de cierto os digo que no perderá su recompensa".* San Mateo 10:42

Aquí nuestro Señor Jesucristo no nos dice que si vemos una necesidad, tengamos que esperar a que esa persona vaya a la iglesia. En la iglesia posiblemente le digan que el dinero que hay es para seguir construyendo más áreas del templo. Jesucristo dice: *"a cualquiera que dé"*, o sea que no tiene que ser ningún ministro el que dé al necesitado.

> *"La religión pura y sin mácula delante de Dios el Padre es esta: Visitar a los huérfanos y a las viudas en sus tribulaciones, y guardarse sin mancha del mundo".* Santiago 1:27

¿Qué significa, o qué nos dice Santiago con, *"visitar a los huérfanos y a las viudas"*? ¿Será simplemente para ver cómo están y desearles que sean bendecidos por el Señor? No, lo que él nos quiere decir, lo expresa claramente en Santiago 2:15-16. Debemos suplir para la situación del necesitado, antes que ninguna otra cosa, sin olvidar nuestras ofrendas para el desarrollo y función del lugar donde nos congregamos. Como ministro del Señor, y como pastor, creo que si cualquier hermano de la iglesia que pastoreo, tiene conocimiento de una verdadera y genuina situación de necesidad, debe aportar para mitigar esa necesidad. En esta porción bíblica, Santiago coloca el hecho de visitar a los huérfanos y a las viudas antes de, *"guardarse sin mancha del mundo"*. Aquí se repite indirectamente que, *"la fe sin obras es muerta"*. ¿Cuál fe o amor puede tener quien no se compadece del dolor ni de la necesidad humana? Tú puedes guardarte sin mancha del mundo, pero ¿qué pensarán los que saben que no te apiadas de tus semejantes en necesidad? La Palabra nos dice: *"Si alguno dice: Yo amo a Dios y aborrece a su hermano, es mentiroso. Pues el que no ama a su hermano a quien ha visto, ¿Cómo puede amar a Dios a quién no ha visto?"* 1 Juan 4:20. También dice: *"Pero el que tiene bienes de este mundo y ve a su hermano tener necesidad, y cierra contra él su corazón, ¿cómo mora el amor de Dios en él? Hijitos míos, no amemos de palabra ni de lengua, sino de hecho y en verdad"*. 1 Juan 3:17-18.

> *"Y si un hermano o una hermana están desnudos, y tienen necesidad del mantenimiento de cada día, y alguno de vosotros les dice: Id en paz, calentaos y saciaos, pero no les dais las cosas que son necesarias para el cuerpo,¿de qué aprovecha?"* Santiago 2:15-16

Aquí Santiago nos exhorta también a echar a un lado la religiosidad y a hacer las obras que agradan a Dios. ¿Cómo es posible que si en nuestros corazones hay verdadero amor de Dios y vemos una necesidad imperiosa guardemos muy religiosamente diezmos y ofrendas y dejemos a esa persona en necesidad? Son muchas las porciones de la Palabra que nos indican cuál debe ser nuestro proceder cuando nos confrontemos con situaciones que requieren de un inmediato cuidado o asistencia.

"Entonces el Rey dirá a los de su derecha: Venid, benditos de mi Padre". San Mateo 25:34ª

Estos *"benditos de mi Padre"* a que se está refiriendo Jesús, le preguntan por qué les ha escogido y qué favor hicieron ellos a Él.

"Y respondiendo el Rey, les dirá: De cierto os digo que en cuanto lo hicisteis a uno de estos mis hermanos más pequeños, a mí lo hicisteis". San Mateo 25:40

Estas son las enseñanzas y lo que el Señor espera de nosotros. El Señor desea y nos exhorta a hacer el bien donde veamos la necesidad. Tenemos que entender que hay que sostener la obra de Dios, pero eso no nos debe impedir hacer el bien cuando sea necesario. No debemos poner edificios materiales o el montón de otras cosas por encima de la necesidad humana. El Señor nos pedirá cuentas un día, y tendremos que responder con la verdad de lo que hayamos hecho y cuáles han sido nuestras motivaciones.

La parábola del buen samaritano

En la porción bíblica de San Lucas 10:30-37, nuestro Señor Jesucristo, luego de ser interrogado por un doctor de la ley, le narra la "parábola del buen samaritano". En la escena de esta parábola encontramos a un hombre moribundo. Un sacerdote lo vio, pero posiblemente no quería llegar tarde al templo y pasó de largo. Un levita lo vio, pero siguió su camino, quizás para el templo también.

Aquí el Señor nos está señalando las acciones de los religiosos. No les importa la necesidad ni el dolor humano por satisfacer su ego. Para ellos es más importante cumplir con los dogmas y los ritos religiosos, que tener compasión del que está en necesidad. Esto es igual a ver una necesidad y no suplirla, porque lo que se tiene es para el diezmo del Señor. Verdaderamente, ¿cree usted que el Señor se alegrará de que lleves diezmos a la iglesia y eches a un lado la misericordia para con tu prójimo? Creo que hay que ser muy buen fariseo para no ayudar al prójimo, cuando sabemos que está en verdadera necesidad.

Hay quienes aún hoy ponen los preceptos de la ley por encima de la misericordia y la piedad predicada por nuestro Señor. Cristo siempre puso y pone la necesidad del ser humano sobre el cumplimiento de leyes, estatutos y la construcción de templos. A veces repetimos que queremos hacer casa para el Señor, pero en realidad lo que deseamos es satisfacer nuestra carne, nuestro orgullo, nuestra vanidad.

Los discípulos arrancan espigas el sábado

Cristo coloca la necesidad del hombre por encima del cumplimiento de leyes y estatutos religiosos. En San Mateo 12:1, San Marcos 2:23 y San Lucas 6:1, nuestro Señor se declara el Señor del Sábado. Jesús iba con sus discípulos y pasan por unos sembrados de espigas, arrancaron y comenzaron a comer. Era día sábado, día de reposo, por tanto, los fariseos comenzaron a criticarles. Jesús les recordó cuando David, teniendo hambre él y sus seguidores, entraron a la casa de Dios y comieron los panes de la proposición.

> *"Y si supieseis qué significa: Misericordia quiero, y no sacrificio, no condenaríais a los inocentes; porque el Hijo del Hombre es Señor del día de reposo".* San Mateo 12:7-8

La ley, los dogmas, estatutos y toda la religiosidad han sido abolidos por el amor de nuestro Señor Jesucristo. Es penoso ver a hermanos cristianos brincar de una congregación a otra, debido a los atropellos que sufren, generalmente realizados o patrocinados por "el ángel de la iglesia", o sea el pastor. En realidad, es muy difícil encontrar un lugar donde se predique la Palabra de Dios sin el propósito de manipular a los hermanos. La avaricia al dinero es el SIDA que está arropando y destruyendo a muchos ministros.

Analizando el versículo de San Mateo 12:7-8 encontramos que el Señor está calificando a los fariseos como ignorantes, cuando les dice: *"Y si supieseis qué significa"*. Les está diciendo que no conocen que Dios quiere misericordia y no sacrificios. Dios prefiere que si en un momento dado ves una necesidad y lo que tienes es para la iglesia, debes suplir esa necesidad antes que pasar de largo y seguir para llevar tu ofrenda a la iglesia. Recuerda que escrito está:

> *"A Jehová presta el que da al pobre, y el bien que ha hecho, se lo volverá a pagar"*. Proverbios 19:17

Durante la presencia de Jesús en la tierra

Durante el tiempo que nuestro Señor Jesucristo estuvo en la tierra, hubo y sucedió un sinnúmero de eventos y situaciones especiales que tenían que suceder por tal razón. Al hablar de situaciones especiales quiero decir que no eran ni serían lo normal, común o corriente. No todas estas situaciones especiales las podemos tomar como ejemplos o para sostener alguna idea o pensamiento que nos llegue a la mente. Paso a señalar algunos de estos eventos o situaciones especiales.

El ayuno durante su presencia

> *"Entonces vinieron a Él los discípulos de Juan, diciendo: ¿Por qué nosotros y los fariseos ayunamos muchas veces, y tus discípulos no ayunan? Jesús les dijo: ¿Acaso pueden los que están de bodas tener luto entre tanto que el esposo está con ellos? Pero vendrán días cuando el esposo*

les será quitado, y entonces ayunarán". San Mateo 9:14-15

Jesús comparó su presencia en la tierra con unas bodas. Él contestó a los discípulos de Juan, que el tiempo en que Él estuviese en la tierra, sería un tiempo especial. También les dijo que vendrían tiempos en que Él ya no estaría presente físicamente y entonces todo continuaría su curso normal. Para los discípulos, no ayunar en aquellos tiempos, era como un permiso especial, el cual terminaría cuando Él les fuese quitado. Es decir, que no eran normales muchas de las cosas que estaban sucediendo durante su presencia física, corporal, en la tierra. Ahora paso a señalar algunos de estas cosas o situaciones.

El ungimiento de Jesús por María de Betania

"Siempre tendréis a los pobres con vosotros, y cuando queráis les podréis hacer bien; pero a mí no siempre me tendréis. Esta ha hecho lo que podía; porque se ha anticipado a ungir mi cuerpo para la sepultura". San Marcos 14:7-8

Las expresiones de Jesús sobre la acción de María de Betania de derramar aquel perfume tan caro sobre su cabeza, no implican que las leyes, estatutos, doctrinas, construcciones de templos, etc., estén en primer lugar, antes que ayudar a los pobres. Aquí Jesús se refiere a una situación especial. Este acto de María, no fue algo común y corriente, fue la anticipación de la unción del cuerpo de Jesús para la sepultura. Este acto es más que una acción de la vida diaria. Si esto se hubiese efectuado en una situación rutinaria, entonces sí se hubiese podido señalar que hubiese sido mejor vender aquel perfume para ayudar a los pobres, pero este acto tenía un significado sumamente especial. En aquellos días se estaba realizando un complot contra la vida de Jesús. Por eso Jesús dijo, *"Esta ha hecho lo que podía; porque se ha anticipado a ungir mi cuerpo para la sepultura"*.

Este evento no se debe tomar como prueba para fortalecer, o establecer que cumplir con ciertas leyes está por encima de la misericordia y de la piedad hacia el pobre. De hecho, estas leyes y prácticas que algunos ministros quieren imponer a la iglesia de Jesucristo, fueron clavadas en la cruz del Calvario, es decir, que ya fuimos liberados de ellas.

Al igual que en el caso del ayuno comentado anteriormente, este caso del derramamiento del perfume sobre la cabeza del Señor, tenía un significado muy especial. El Señor aclara esta situación diciendo que esta acción se debe a que Él estaba físicamente en el mundo, pero que luego que Él se fuera, entonces todo volvería a la normalidad. La normalidad sería, que ayudar a los pobres está por encima de cumplir y complacer a algunos ministros.

> *"También Nicodemo, el que antes había visitado a Jesús de noche, vino trayendo un compuesto de mirra y de áloes, como cien libras, Tomaron, pues, el cuerpo de Jesús, y lo envolvieron en lienzos con especias aromáticas, según es costumbre sepultar entre los judíos".* San Juan 19:39-40. Amén.

Jesucristo y los pobres

> *"Jesús le dijo: Si quieres ser perfecto, anda, vende lo que tienes, y dalo a los pobres, y tendrás tesoro en el cielo; y ven y sígueme".* San Mateo 19:21

Aquí se nos presenta el caso de un joven rico que por lo que se desprende de la narrativa, era muy religioso. Este joven era muy rico, guardaba todos los mandamientos, pero tenia una atadura. Nuestro Señor

Jesucristo, que sabe perfectamente lo que hay dentro de nuestros corazones, conocía sobre el amor de este joven por su dinero y posesiones materiales. Jesús le pidió que vendiera todo lo que tenía y que lo diera a los pobres. En los evangelios encontramos muchas otras personas que se acercan a Jesús, o que Jesús se acerca a ellos pero les pide que hagan otra cosa, o sea que no les sugiere que se desprendan de sus posesiones materiales. Lo que sucede es que el Señor conoce cuál es nuestra atadura o nuestra debilidad.

De esta escritura surgen varias enseñanzas o puntos sobresalientes. Jesús le pide al joven rico que venda lo que tiene, pero no para entregarlo a Él, que es el Salvador. Jesús no le dice que Él usará ese dinero para los gastos de su ministerio. Tampoco le pide que le entregue el dinero para Él ayudar a los pobres. No le dice que tiene que llevar ese dinero al alfolí, porque son ellos los que determinarán cómo usarlo. Jesús le dice al joven rico, que luego de vender lo que tiene, él mismo lo distribuya entre los pobres. Está claramente expresado aquí, que el resultado de que el mismo joven reparta su dinero entre los pobres, será que tendrá tesoro en el cielo. Es decir, que para que Dios nos bendiga o nos ame cuando damos a los pobres, no tenemos que hacerlo a través de ninguna institución religiosa.

Este corto comentario nos puede servir para comprender que aunque en San Mateo 26:11 el Señor dice, *"Porque siempre tendréis pobres con vosotros, pero a mí no siempre me tendréis"*, no significa que a Él no le interese el bienestar de los pobres. Como se ha comentado en otro escrito anterior, el hecho de que Jesús se expresara así, tuvo una razón muy poderosa. En este caso, en que María de Betania derrama el vaso de alabastro de perfume de gran precio sobre la cabeza del Señor, lo estaba preparando para la sepultura, sin ella saberlo. Este fue el motivo por el cual el Señor aceptó la acción de María como parte de un proceso. Creo que si ésta no hubiese sido la situación, también el Señor hubiese estado de acuerdo en que mejor hubiese sido venderlo y darlo a los pobres.

En caso de una situación diferente al ungimiento de Jesús por María de Betania, nuestro Señor hubiese reaccionado como lo hizo en el caso del joven rico. Para nuestro Señor, atender a los niños, los presos, las viudas, los huérfanos, etc., está primero que los templos y todas sus actividades.

Que el Señor nos bendiga a todos, y nos revele cuáles son sus prioridades. Amén.

Los ministros de la iglesia primitiva

Como comenté en la parte anterior, los ministros del primer siglo entendían su derecho a ser sostenidos por la iglesia a través de las ofrendas. Aunque entendían esto, en ningún lugar se escucha de ninguno de ellos exigir diezmos. Esos ministros conocían el evangelio y algunos de ellos habían estado muy cerca del Señor.

El sacerdocio en la Iglesia de Cristo y su ley

> *"Porque cambiado el sacerdocio, necesario es que haya también cambio de ley".* Hebreos 7:12

Cuando nos referimos y estudiamos el sacerdocio de "La Gracia" que se encuentra expresada en 1 Pedro 2:5 y 2:9, podemos entender claramente qué posición ocupa cada miembro del cuerpo de Cristo, ahora.

> *"Vosotros también, como piedras vivas, sed edificados como casa espiritual y sacerdocio santo, para ofrecer sacrificios espirituales aceptables a Dios por medio de Jesucristo".* 1 Pedro 2:5

"Mas vosotros sois linaje escogido, real sacerdocio, nación santa, pueblo adquirido por Dios, para que anunciéis las virtudes de aquel que os llamó de las tinieblas a su luz admirable". 1 Pedro 2:9

Ahora, en la dispensación de "La Gracia", todos, todos nosotros los miembros del cuerpo de Cristo (La Iglesia), somos el sacerdocio santo. No hay otra clase sacerdotal. Aquellos que gustan de establecer clases separadas con estratificación y jerarquías, son los Nicolaítas de este tiempo. Aquí la Palabra nos dice que todos los cristianos somos ese "Real Sacerdocio" y que los sacrificios que ofrecemos son: sacrificio vivo, sacrificios espirituales. Este sacrificio vivo se refiere a nosotros mismos, a toda nuestra vida, no sólo en el templo o lugar de reunión sino en todo lugar.

Dios nos llama a diferentes ministerios y la Palabra nos señala que el obrero es digno de su salario.

Dios ama al dador alegre

"Así también ordenó el Señor a los que anuncian el evangelio, que vivan del evangelio". 1 Corintios 9:14

Hago este señalamiento para que se entienda que el diezmo como tal pertenece a la dispensación de la ley, pero el pueblo de Dios debe ofrendar voluntariamente para el sostenimiento de la obra. Ofrendar es algo voluntario y por fe, pero hay que recalcar que Dios ama al dador alegre. Son muchas las partes de la Palabra que exhortan a dar el máximo posible, de lo que Dios nos ha dado. La diferencia es que diezmar en "la ley", era un deber, es decir algo con lo que había que cumplir por ley. Ahora, en "la gracia", la ley es el amor y damos por agradecimiento a tantas hermosas bendiciones que hemos recibido del Señor.

Por lo que se desprende del mensaje de los evangelios, los Hechos de los Apóstoles y las cartas, a ninguno de ellos le pasó por la mente cobrar diezmos. Ellos entendían los requisitos y demandas del evangelio del Señor, lo cual no incluía diezmos.

Muchos quieren retornar o retroceder a “la ley”, pero no a toda “la ley”, sino sólo a lo que les conviene de ella. Se olvidan que “la ley” tiene que ser cumplida en su totalidad y que si sólo se cumple una parte, se está perdiendo el tiempo, y posiblemente en condenación como dice Gálatas 3:10. Aquellos que vivieron bajo la ley antes de llegar la gracia, quizás tengan como excusa que sólo eso era lo que había y que ellos trataban de cumplir lo más posible. Pero, ahora que estamos en la gracia, ¿Qué excusa usarán los que quieren retener o revivir la parte de la ley llamada diezmo?

Algunos quieren ir aún más atrás, a Abraham y reclamar que porque Abraham diezmó, nosotros también tenemos que diezmar. Y ¿qué de las otras cosas que practicaba Abraham? ¿Tendremos también nosotros que comenzar a levantar altares de piedras y sacrificar animales? Si nuestra esposa no puede tener hijos, ¿nos juntaremos con alguna otra mujer para que tenga el hijo a su lado, como el caso de Sara y Agar?

Además del caso que se da en Génesis 14:19-20, ¿Cuántas veces más volvió Abraham a diezmar? ¿Diezmaba Abraham regularmente? ¿De qué dio Abraham diezmos a Melquisedec? ¿De todo lo que poseía? En Génesis 14:20 dice que Abraham dio diezmos de <u>todo</u>, el todo que habla aquí luego en Hebreos 7:4 se aclara que todo se refiere a todo <u>el botín</u> (el botín de guerra) y no a todas las riquezas que Abraham poseía.

Si nosotros seguimos el ejemplo de Abraham con Melquisedec, entonces tendremos que diezmar sólo una vez de alguna cosa que recibamos, y con eso ya cumplimos para siempre como hizo Abraham. Esta es la única vez que escuchamos que Abraham diezmó.

En ningún lugar en la Biblia se especifica que Jehová ordenó a Abraham dar diezmos a Melquisedec (en la ley, sí). Tampoco dice que Melquisedec exigió diezmos a Abraham. ¿Esperaría Abraham recibir el ciento por uno como se enfatiza tanto en muchos púlpitos, haciendo oferta de "toma y dame" en el nombre del Señor? Melquisedec no le vendió la bendición a Abraham, él la pronunció antes de recibir los diezmos.

Escribas y fariseos, ¡hipócritas!
San Mateo 23:23 (paralelo a San Lucas 11:42)

"¡Ay de vosotros, escribas y fariseos, hipócritas! Porque diezmáis la menta y el eneldo y el comino, y dejáis lo más importante de la ley: la justicia, la misericordia y la fe. Esto era necesario hacer, sin dejar de hacer aquello".

En San Mateo 23:23 Jesucristo se dirige a los escribas y fariseos sobre este particular, pero no a sus seguidores. Lo primero que hace es llamarlos hipócritas y les dice que ellos que vivían y se regían por la ley tenían que cumplir con esa parte de la ley, es decir con el diezmo. Con esa parte de la ley, mas también tenían que cumplir con las otras partes más importantes que nuestro Señor les señala, que son: la justicia, la misericordia y la fe. Este comentario de San Mateo 23:23 lo hago con el propósito de que se entienda que en estos versículos nuestro Señor no está endosando ni ordenando el diezmo en la dispensación de La Gracia. Por el contrario, lo que hace es señalar la hipocresía de los que estaban diezmando creyendo que con esto estaban cumpliendo con toda la ley.

Ahora Cristo es nuestro Sumo Sacerdote, es decir, de nosotros, la Iglesia. Él está en el cielo y por tanto no está corporalmente aquí en la tierra para recibir los diezmos. Al igual que Melquisedec, tampoco dejó a nadie asignado para recibir diezmos. En el caso de la comparación de Cristo y Melquisedec, no encontramos siervo alguno de Melquisedec o sacerdote bajo su autoridad que tuviese derecho alguno de recibir diezmos, durante su presencia aquí en la tierra, ni cuando partió de este mundo. En los comienzos de la iglesia, tampoco hay evidencia alguna de que los apóstoles o los discípulos recibieran diezmos de nadie. Sí, es cierto, se habla de ofrendas en la dispensación de La Gracia, pero no de diezmos. En Hebreos 7, al comparar a Cristo con Melquisedec, no se están comparando a siervos de Melquisedec con los de Cristo, sino sólo a ellos dos, a Cristo y a Melquisedec. Algunos pastores, evangelistas y otros ministros, quieren asociarse o relacionarse con Melquisedec para reclamar derecho de recibir diezmos. De hecho, el diezmo que Abraham entregó a Melquisedec fue un acto voluntario, desinteresado, por agradecimiento, lo que significa que no fue cumpliendo con ninguna ley establecida por Dios. Melquisedec no es tipo de ningún ministro hoy día, él es tipo de Cristo, es decir, que está en una jerarquía mayor a los ministros de hoy día. Es inválido que los ministros utilicen el ejemplo de Melquisedec para reclamar diezmos, porque estos ministros no están en la misma categoría que él.

¿No cree usted que si el diezmo fuese parte de la dispensación de "La Gracia", de alguna manera nuestro Señor nos lo hubiese revelado? Luego, en la inspiración de las epístolas, tampoco el Espíritu Santo señala este asunto. Tanto en los evangelios como en las cartas, el diezmo se sigue señalando como parte de la ley, y no para ser cumplida por la iglesia de Cristo.

El fariseo y el publicano

"Dios, te doy gracias porque no soy como los otros hombres, ladrones, injustos, adúlteros, ni aun como

este publicano; ayuno dos veces a la semana, doy diezmos de todo lo que gano". San Lucas 18:11[b]-12

El Señor nos muestra con esta parábola la actitud del que confía en sí mismo, a diferencia del que se humilla y depende de Dios. Aquí vemos la arrogancia del que pretende ser justificado a través de sus acciones. El Señor continúa señalando la actitud de los fariseos, quienes no lo aceptaban a Él, ni a sus enseñanzas. Ellos preferían seguir cumpliendo con la ley y de esta manera menospreciaban la presencia del Señor en la tierra. El fariseo menciona en su diálogo con él mismo, que ayunaba dos veces por semana y daba diezmos de todo lo que ganaba. El Señor enfatiza que el fariseo *"oraba consigo mismo"*, es decir, que su oración era un monólogo. Siempre que Jesucristo se refirió al diezmo, lo hizo con relación a la ley y a los fariseos, y no a los cristianos. En San Mateo 23:23 Jesús llamó a los fariseos, ¡hipócritas! Aquí en San Lucas 18:9-14 nos dice que este fariseo estaba enaltecido, y que el publicano fue justificado antes que él.

Deseo recalcar y resumir que ni nuestro Señor Jesucristo, ni los apóstoles reclamaron o recibieron diezmos. Sí recibieron ofrendas, y es lo que debemos recibir los ministros del evangelio de Jesucristo.

La restitución del diezmo en "La Gracia"

En el capítulo dos del libro de Apocalipsis se encuentran los mensajes a las siete iglesias. El primer mensaje es dirigido a la iglesia de Éfeso, al final de la edad apostólica. El Señor le reconoce varias virtudes a esta iglesia, en especial, *"Pero tienes esto, que aborreces las obras de los nicolaítas, las cuales yo también aborrezco";* y sólo le reprende por haberse apartado del primer amor.

El segundo mensaje es para la iglesia de Esmirna. Esta iglesia comprende el período de las grandes persecuciones, hasta el año 316 D.C. Al igual que a la iglesia de Éfeso, le reconoce sus características positivas pero no le señala ninguna falta específica.

El tercer mensaje a la iglesia de Pérgamo, es el que nos incumbe en esta parte de este capítulo. Esta iglesia comienza desde el año 316 D.C., y fue establecida y dirigida por el imperio romano. Aunque luego continúan los mensajes a las iglesias de Tiatira, Sardís, Filadelfia y Laodicea, el contenido del mensaje a la iglesia de Pérgamo se extiende hasta el fin.

El mensaje a la iglesia de Tiatira cubre desde el 500 D.C. Esta iglesia se caracteriza en su parte negativa por el triunfo del sistema de Balaam y de los nicolaítas. El sistema de Balaam se basa mayormente en la ambición material y desobediencia, por encima de lo espiritual. El sistema de los nicolaítas se refiere a la división de la iglesia del Señor por castas (estratificación) y jerarquía. Se dividió la iglesia como dos cuerpos diferentes, donde unos serían los sacerdotes y los otros los laicos. Es decir, que dividieron el cuerpo de Cristo. Desde los comienzos de la iglesia existieron diferentes ministerios, tales como apóstoles, evangelistas, maestros, pastores, etc., pero esto no dividía el cuerpo de Cristo.

Todo lo dicho anteriormente tiene el propósito de señalar el momento histórico que surge el establecimiento legal de los diezmos en la dispensación de "la gracia".

En el libro, "Historia de la Iglesia Cristiana", de Williston Walker (Pág.. 208), encontramos la siguiente información:

"Hacia el siglo VI se encuentran ya en Francia los comienzos del sistema parroquial, y éste se desarrolló rápidamente, estimulado por la costumbre de la fundación de iglesias por los grandes terratenientes. Los fundadores y sus herederos conservaban el derecho de nombrar al beneficiario. Esta situación hacía que el gobierno episcopal fuera incierto. Carlomagno, por consiguiente, estableció que junto con el derecho de ordenación de todos los curas párrocos, el obispo debía tener autoridad para visitar y aplicar la disciplina en toda su diócesis. El estado eclesiástico fue fortalecido, además, por el establecimiento legal de los diezmos. Estos, favorecidos desde tiempo atrás por el clero según los ejemplos del Antiguo Testamento, fueron exigidos por un sínodo franco celebrado en Macon, en el año 585. Pepino los consideraba como una obligación legal, y Carlomagno les dio plena sanción legal. Debían ser cobrados no sólo por los obispos, sino por y para el uso del beneficiario de cada parroquia".

Por cuanto yo sabía que en los comienzos de la iglesia cristiana se había desechado todos estos reclamos de diezmos establecidos en la ley, me dispuse a preguntar y a buscar información sobre cuándo se comenzó a exigir el diezmo, en la dispensación de "la gracia". Deseaba saber: cuándo, dónde, quién, por qué, etc., se revivió lo que fue cumplido por nuestro Señor Jesucristo en la cruz del Calvario. En la noche del viernes 15 de abril de 2005, mientras buscaba otra información en este libro de "Historia de la Iglesia", me encontré con la información que consideraba muy difícil de conseguir. Este libro tiene 609 páginas y no tiene ningún título o subtítulo referente a diezmos. Para mi entender, creo que el Señor me guió a conseguir esta información.

Los comentarios sobre el mensaje a las siete iglesias los he hecho para señalar el período de tiempo en que fue reestablecido el diezmo en la dispensación de la gracia, el cual fue ordenado y practicado en el Antiguo Testamento. La cita extraída de este libro de Historia de la Iglesia, habla por sí misma. Comienza esta cita señalando que, "la organización cristiana en este tiempo siguió la misma norma que las instituciones políticas romanas". Hacia el siglo VI (6) en Francia se encuentran los comienzos del sistema parroquial. Este sistema fue desarrollado mas bien por los grandes terratenientes, mediante la fundación de iglesias. La pregunta aquí sería. ¿Cuál sería el interés o la motivación de estos grandes terratenientes al fundar estas iglesias? Su interés fue la ganancia material y tener el derecho y poder para nombrar al "beneficiario". Este derecho correspondía al terrateniente fundador y sus herederos. Lo que entiendo aquí es que estas iglesias eran como un negocio cualquiera. En realidad, creo que lo que más motivó a estos terratenientes a invertir dinero en estas iglesias fue el establecimiento legal del diezmo. Esta idea de volver a cobrar diezmos ya había sido favorecida por el clero. Esto es fácil de comprender, puesto que, al igual que el terrateniente, ellos también recibirían su tajada del pastel. Como se hace hoy día, volvieron a usar el Antiguo Testamento para fortalecer su demanda perteneciente a la ley. En un sínodo celebrado en el año 585 D.C. en Francia, los diezmos fueron exigidos.

Espero en el Señor que esta información expuesta aquí, sirva para hacer pensar a ministros que quieren seguir con esta práctica. Ahora saben cuándo y dónde fue que se volvió a esta práctica, que fue eliminada por nuestro Señor Jesucristo. Ministro, piensa que un día, todos tendremos que dar cuentas al Señor. Amén.

Resumen

Resumiendo, quiero expresar que creo firmemente en ofrendar o dar el máximo para la obra del Señor, quizás más que el diezmo, pero por inspiración del Espíritu Santo, voluntariamente, por amor y no por manipulaciones humanas.

Pastor, ministro, pídele al Señor que aumente tu fe para esperar que sea Él quien toque los corazones para que entiendan que es nuestro deber como cristianos sostener la obra de Dios.

Para mí, es una herejía utilizar el pasaje bíblico de Génesis 14:18-20 y Hebreos 7:1-6 para forzar al cristiano a pagar diezmos. No es agradable a Dios, forzar y manipular escrituras bíblicas con el propósito de lograr nuestras metas y ambiciones egoístas. Espero que este pequeño análisis sirva para tocar el entendimiento de ministros que no se han detenido a escudriñar estos pasajes bíblicos con profundidad.

Conclusión

"Porque todos los que dependen de las obras de la ley están bajo maldición, pues escrito está: Maldito todo aquel que no permaneciere en todas las cosas escritas en el libro de la ley, para hacerlas". Amén. Gálatas 3:10

La Ley de Moisés

Introducción: "Componentes"

La ley de Moisés está compuesta por tres partes, los mandamientos, los juicios y las ordenanzas. Esta ley se extendió desde Éxodo 19:3-8 a San Mateo 27:35 hasta la cruz, es decir, del Sinaí hasta el Calvario. La ley fue propuesta, no fue impuesta. Cuando el pueblo de Israel desprecia la Gracia y voluntariamente acepta la ley, entonces tendría que cumplirla en su totalidad. Si fallaba en alguna parte, era como si hubiese fallado en todas las partes.

Los mandamientos

Los mandamientos expresan la voluntad justa de Dios. Por cuanto a Israel le era muy difícil (por no decir imposible) cumplirlos a cabalidad, era un ministerio de condenación. Dios siempre ha deseado lo mejor para sus hijos, por tanto, como solución a la incapacidad de poder cumplir los mandamientos al pie de la letra, Jehová nos dio las ordenanzas.

Los mandamientos, además de ser la voluntad justa de Dios, tenían un propósito y una función necesaria para el desarrollo de Israel como una nación libre. El pueblo de Israel había vivido en Egipto por cuatrocientos años, la mayoría de los cuales estuvieron como esclavos. Ahora, libres de aquella esclavitud, necesitaban mantener un orden, unos parámetros, para aprender a vivir como una nación libre y mantenerse unidos y organizados. Los mandamientos fueron las directrices, el código de conducta que darían estructura a la nación naciente.

Las ordenanzas

Las ordenanzas gobernaban la vida religiosa de Israel. Estas proveyeron al pueblo la forma de sobrevivir ante la dificultad para poder cumplir con los mandamientos. Estas ordenanzas permitían al pueblo ser representado a través de un sumo sacerdote, por la intercesión delante de Jehová. Estas ordenanzas también incluían la ejecución de sacrificios de expiación, que proveerían una cubierta para los pecados. Debo señalar que bajo la ley, los pecados no eran perdonados o borrados, sino cubiertos, es decir, que eran como tapados. Las ordenanzas señalaban al pueblo lo que Dios exigía o demandaba que se cumpliera. El hecho de cumplir con lo expuesto por las ordenanzas, permitiría al trasgresor reestablecer cierta comunión con Dios. Esto era posible a través del sumo sacerdote y de los levitas. Cuando un israelita cometía algún pecado, tenía que cumplir con lo establecido en las ordenanzas y luego de haberlo hecho, era considerado irreprensible.

Los juicios

Los juicios establecían y dirigían la vida social de Israel. Estos señalaban la forma en que los israelitas tenían que comportarse en sociedad. Contenían las reglas éticas y de moral. El que violaba lo establecido como una regla de conducta o comportamiento, tendría que pagar de acuerdo con lo estipulado para tal tipo de violación. Estos juicios eran inflexibles y guardados celosamente por el pueblo de Israel en general.

Las Tesis de Martín Lutero

Desde el año 1507 comenzaron las ventas de indulgencias para levantar fondos para la construcción de la nueva basílica de San Pedro. En 1514 se renovó esta venta. Había ciertas personas autorizadas para predicar sobre el costo y el poder de las indulgencias. Muchas de las personas que poseían este permiso, se aprovechaban de esto para su propio beneficio. A través de la compra de indulgencias, estas personas prometían la salvación eterna y si el alma estaba en el purgatorio, su inmediata liberación. Al comprar las indulgencias, cualquier pecado quedaría perdonado, sin importar su magnitud. En 1517, Martín Lutero envió una carta al arzobispo de Magdeburgo, explicándole la corrupción y abusos de los predicadores de las indulgencias, y adjuntó las 95 tesis.

Lutero clava las 95 tesis en la puerta de la iglesia de Wittenberg y se anuncia la discusión de las mismas. Estas tesis fueron minuciosamente analizadas. Lutero señaló detalladamente los diferentes puntos negativos que tanto él y gran parte del resto del clero y los laicos, habían identificado con relación a la venta de indulgencias. Infundir temor en el ser humano es una de las formas más fáciles para manipularles. Estos mercaderes prometían sacar las almas del purgatorio y darles salvación eterna a través de la compra-venta de indulgencia.

> *"Serán eternamente condenados junto con sus maestros, aquellos que crean estar seguros de su salvación mediante una carta de indulgencias".*
> Tesis 32

Para mí, esta tesis está basada en el hecho de que quien confíe en la efectividad de estas indulgencias, está desestimando a nuestro Señor Jesucristo como el único camino al Padre. Creo que la tesis 36 arroja más luz sobre la ineficacia de estas indulgencias, y sobre el poder de la gracia de Dios.

> *"Cualquier cristiano verdaderamente arrepentido, tiene derecho a la remisión plenaria de pena y culpa, aún sin carta de indulgencia".* Tesis 36

> *"Las indulgencias apostólicas deben predicarse con cautela para que el pueblo no crea equivocadamente que deban ser preferidas a las demás buenas obras de caridad".* Tesis 41

Deseo hacer un comentario sobre lo expuesto aquí hasta este momento. Comienzo comparando la venta de indulgencias con la imposición del diezmo, ya sea en forma directa o indirecta. Generalmente, lo anterior se hace indirectamente, sembrando ideas o conceptos en la mente de las personas de una manera implícita. Se habla de cumplir con "el pacto", dejando entender indirectamente las malas consecuencias de no cumplir. Se habla de fidelidad, de tal manera que la persona es guiada a entender que si no diezma y ofrenda "generosamente", no le está siendo fiel al Señor. No se les dice directamente cuál será la consecuencia de su infidelidad, pero se le insinúa en forma tal, que la persona lo captará como si se le hubiese dicho de la forma más clara o literalmente. Si entregas las primicias, se asegura el resto de "la cosecha". En esta época, algunos ministros señalan las primicias como: el primer cheque completo que cobras en el año. También se exige la primera ganancia de un negocio. Si no cumples con esto, pones en peligro el resto de "la cosecha". También te dicen que cuando ofrendas, diezmas, entregas primicias, etc., estás bendiciendo a tu futura generación. Lo contrario a todo lo anterior es muy fácil de deducirlo, es decir, si no cumples con lo que ellos demandan, no bendices a tu futura generación y quizás alguno puede agregar que les estás maldiciendo.

Hoy día pagan las indulgencias a través de diezmos y algunas ofrendas involuntarias (digo involuntarias porque son motivadas por manipulación), de la misma manera que en aquella época la gente compraba indulgencias. Es muy fácil manipular al ser humano, utilizando argumentos espirituales y religiosos, sin importar su capacidad intelectual, nivel de escolaridad, profesión, posición social o económica, etc. Muchas personas dirán que podrán manipular a otros, pero no a ellos. La triste realidad es que muy pocos logran desatarse o escapar de esos lazos. Los que se exponen a las enseñanzas, predicaciones, testimonios y todo tipo de maquinaciones de estos ministros expertos manipuladores, "en el nombre del Señor", los cuales no tienen temor de Dios, tarde o temprano serán presa fácil. Estos ministros inescrupulosos son modernos vendedores de indulgencias, camuflados tras bastidores.

En algunas de estas 95 tesis de Lutero, queda claramente establecido que es de mayor valor e importancia ayudar al pobre y al que está necesitado, que la construcción de templos y muchas otras actividades que se realizan en las iglesias, usando el nombre del Señor como excusa.

> *"Debe enseñarse a los cristianos que no es la intención del Papa, en manera alguna, que la compra de indulgencias se compare con las obras de misericordia".* Tesis 42

La intención original de Lutero no fue dividir la iglesia. En estas tesis vemos la forma respetuosa y reverente de dirigirse al Papa y a sus otros superiores. Si aplicamos esta tesis a nuestra situación actual, podríamos decir que la acción de pagar diezmos y ofrendar a la iglesia no es una obra de misericordia, si este dinero no es utilizado para ayudar a los pobres como se hacía en la iglesia primitiva. Lutero considera como verdadera prioridad de la iglesia, las obras de misericordia tales como ayudar al pobre y al necesitado, etc., y no la construcción de suntuosos templos. Estas indulgencias tenían como propósito principal la construcción de la nueva basílica de San Pedro. Este caso es semejante a lo que ocurre hoy día con ministros que continuamente acosan al pueblo de Dios, demandando de ellos diezmos, ofrendas y ofrendas especiales para diferentes proyectos, tales como construcción o ampliación de templos, etc. En ocasiones, antes de terminar un proyecto, estos ministros ya tienen otro en mente o en planos. Cuando ven que el otro ministro hizo un templo mayor y compró mucho terreno, ya comienzan a decirle a la congregación, que "Dios les reveló" sobre otro proyecto. Si el ministro de la competencia tiene tantos ministerios en su congregación, entonces comienzan a inventar todo lo que pueden. Algunos de estos "ministerios" o inventos humanos son utilizados para entretener y mantener ocupados a los miembros para que sigan pagando diezmos y ofrendas.

> *"Hay que instruir a los cristianos que, aquel que socorre al pobre o ayuda al indigente, realiza una obra mayor que si comprase indulgencias".* Tesis 43

El mensaje de esta tesis no necesita de mucha explicación. Debe servir para aclarar la mente de aquellos ministros que ponen sus actividades, construcción, viajes al exterior y su bienestar económico por encima de socorrer y ayudar al pobre.

> *"Si oyereis hoy su voz; no endurezcáis vuestros corazones".* Hebreos 3:8 (Salmo 95:7[b] - 8[a])

Hermano ministro, recibe esta palabra, abre tu corazón con mansedumbre, ponte en las manos del Señor.

Apártate de orgullo, vanidad, vanagloria, etc., cambia tus motivaciones de agradarte a ti, a agradar al Señor.

> *"Debe enseñarse a los cristianos que el que ve a un indigente y, sin prestarle atención da su dinero para comprar indulgencias, lo que obtiene en verdad no son las indulgencias papales, sino la indignación de Dios".* Tesis 45

Son algunas más las tesis que señalan el error que cometían los cristianos al querer cumplir con indulgencias en lugar de ayudar y socorrer al indigente y necesitado. Creo que lo que se ha dicho hasta aquí, debe bastar para tener claro cuál debe ser nuestra verdadera prioridad en cuanto a nuestro deber como cristianos.

> *"Debe enseñarse a los cristianos que si no son colmados de bienes superfluos, "están obligados a retener lo necesario para su casa" y de ningún modo derrocharlo en indulgencias".* Tesis 46

Cada vez que vuelvo a leer estas 95 tesis de Lutero, me siento más firme en la creencia de que la situación que reinaba en el tiempo de Lutero, es semejante a la que tenemos hoy. Algunos ministros predican y predican como los religiosos de aquella época, con el principal propósito de recaudar fondos monetarios. Acusan a los cristianos que ya sea que no pueden, o que no sienten diezmar y ofrendar grandes cantidades, de no tener fe, de mezquinos, desobedientes, ingratos, irresponsables, etc. Se les exige a los cristianos que tengan fe, lo cual en realidad es lo que esos ministros necesitan. En la tesis 46, Lutero deja establecido que si la persona no posee grandes riquezas, es decir, bienes superfluos, deben retener lo que tienen para las necesidades de su casa y no derrocharlo o malgastarlo en indulgencias. Esto es igual al que no gana, ni tiene suficiente para cumplir con las necesidades de su hogar y es manipulado para dar lo poco que tiene en diezmos y ofrendas para iglesias.

> *"Debe enseñarse a los cristianos que la compra de indulgencias queda librada "a la propia voluntad y no constituye obligación"."* Tesis 47

Como ocurre hoy con la exigencia de diezmos y ofrendas, aquellos religiosos hacían pensar a los cristianos de aquella época, que les era necesario comprar indulgencias. Esto lo hacían al igual que se hace hoy día apelando indirectamente a lo espiritual y a la conciencia humana. Aquí Lutero alude a la voluntad de quien deseaba o no comprar indulgencias. En realidad, esa llamada "voluntad", hay que ponerla entre comillas, porque al manipular a una persona emocionalmente se le controla la voluntad.

> *"Debe enseñarse a los cristianos que si el Papa conociera las acciones de los predicadores de indulgencias, preferiría que la basílica de San Pedro se redujese a cenizas antes que construirla con la piel, la carne y los huesos de sus ovejas".* Tesis 50

Lutero nos da a entender que para él, el papa no sabía de los abusos y manipulaciones de los predicadores de indulgencias. Nos dice que si el papa estuviese consciente de lo que se estaba haciendo, preferiría no hacer ninguna basílica a costillas del pueblo. En aquel tiempo había una ventaja que no tenemos los protestantes. Aquellos abusadores tenían una persona que les podía detener, pero la mayoría de nosotros los evangélicos o protestantes no tenemos ese gobierno central humano. Cada ministro independiente o cada concilio formula sus propias reglas, sean justas o injustas. Pido al Señor que sea Él quien se revele a ministros que estén abusando y lastimando al pueblo cristiano para satisfacer su ego.

"Oféndese a la Palabra de Dios, cuando un mismo sermón se dedica tanto o más tiempo a las indulgencias que a ella". Tesis 54

Transportando esta tesis a nuestros días, sólo es necesario cambiar la palabra "indulgencias" por "diezmos" y ciertas "ofrendas" abusivas, que no proceden voluntariamente de un dador alegre. Si resumimos muchas de las predicaciones, podremos encontrar que la idea central y todo lo dicho gira alrededor de diezmos y ofrendas. Hermano ministro arrepiéntete, tú que sabes que esto es lo que estás haciendo; vuelve a la senda antigua, pide al Señor que ponga o que aumente tu amor por las almas. No eches fuera las almas que el Señor te da, exprimiéndoles, presionándoles económicamente. Un día el Señor nos pedirá cuentas; recuerda la parábola del "padre de familia que demanda el fruto de su viña" (San Mateo 21:33-41, San Marcos 12:1-9, San Lucas 20:9-19, Isaías 5:1-7).

"Por ello, los tesoros del evangelio son redes con las cuales en otros tiempos se pescaban a hombres poseedores de bienes". Tesis 65

"Los tesoros de las indulgencias son redes con las cuales ahora pescan las riquezas de los hombres". Tesis 66

He comentado sólo algunas de las 95 tesis, pero en realidad mi deseo es ir una por una, porque cada una de ellas señala una situación negativa que también está presente hoy día. Escucho a muchos ministros predicar y enseñar sobre los defectos de la iglesia en aquella época, de la forma cómo se unió al imperio romano y todas las

barbaridades y abusos que cometieron. Estoy de acuerdo con e
sa realidad, pero también veo que esos mismos ministros continúan ejerciendo las prácticas que surgieron en aquel tiempo y de aquella unión. Me estoy refiriendo a que fue el imperio romano, quien para complacer a ministros materialistas ambiciosos en el año 585 D.C., resucitó las exigencias de diezmos. La información completa de este suceso se encuentra en otra sección de este libro. Es una locura, una presunción pensar que Jehová Dios no le reveló a Jesucristo, ni a los apóstoles, ni a los discípulos, ni a toda la iglesia primitiva, lo que algunos ministros hoy quieren reclamar como una revelación. Hermanos, no se dejen engañar; fue en el año 585 de la era cristiana, que el imperio romano volvió a imponer los diezmos que pertenecían a la ley. Es muy fácil para ministros manipuladores, apelar a lo espiritual y a lo emocional para convencer a la iglesia a practicar lo que nuestro Señor Jesucristo cumplió por nosotros en la cruz del Calvario.

Me imagino la persecución que tendría que sufrir Lutero por su obediencia a la voz de Dios. Sé que tendré persecuciones también, pero por obedecer al Señor estoy dispuesto a todo. Sé que el Señor me fortalecerá y me guiará a liberar a tantos oprimidos por los manipuladores. Recomiendo y aconsejo a leer todas las 95 tesis de Lutero, porque pueden arrojar mucha luz sobre los problemas o retos presentes. Amén.

CAPITULO VII

EL APOCALIPSIS DE JUAN

Introducción

El escritor de este libro es el apóstol Juan en el año 96 D.C. El tema del Apocalipsis es el Señor Jesucristo. Nuestro Señor se presenta en tres maneras en este libro profético: En cuanto al tiempo 1:1-4; en cuanto a la relación que Él tiene con las iglesias que incluyen, la gran tribulación y el reino; en sus oficios como Sumo Sacerdote, que incluye el esposo, Rey y juez.

En los primeros tres capítulos está contenido el mensaje a las siete iglesias. Podemos tomar estos mensajes en sentido profético, referente a las siete etapas de la historia espiritual de la iglesia.

Cuatro escuelas interpretativas del Apocalipsis

Cuando hablamos del contenido escatológico del Apocalipsis, nos referimos a las cosas o eventos que están por ocurrir. Hay cuatro escuelas interpretativas del Apocalipsis, es decir, cuatro formas de entender el libro de Apocalipsis. Está la forma **Preterista**, que nos dice mayormente que este libro se escribió para el tiempo del apóstol Juan, hasta el final del imperio Romano. La base de esta forma es que en un principio el Apocalipsis se escribió para las siete iglesias. La forma de interpretación **Historicista** se refiere a la historia desde la primera venida de Cristo hasta su segunda venida y lo que sucederá luego. Cada evento del Apocalipsis debe corresponder a ciertos eventos históricos. La forma **Idealista** establece que el contenido del Apocalipsis fue aplicable con sus mensajes para el primer siglo. También contiene profecías para el futuro. Los principios establecidos en este libro no pierden vigencia, sino que mantienen su aplicabilidad en la vida cristiana, presente, pasada y futura. Cada símbolo podría ser aplicado a diferentes cosas o circunstancias en diferentes tiempos. La forma interpretativa **Futurista** señala los símbolos y eventos presentados en Apocalipsis como referentes a eventos que ocurrirán poco antes de la venida de Cristo. Esta es la forma más popular en el pueblo cristiano.

La pregunta que casi siempre surge al estudiar el libro de Apocalipsis es, *"¿Cuál de las cuatro formas de interpretar el Apocalipsis es la correcta?"* A este respecto diré que, cuando tomaba un curso sobre el libro de Apocalipsis, escuché lo que para mí es la respuesta a esta pregunta. Las cuatro formas están correctas y esto sólo pudo ser posible por la sabiduría de Dios. Este libro tiene la peculiaridad de poder hablarnos a todos, refiriéndose a diferentes tiempos y circunstancias. Todos podemos recibir el mensaje o revelación que necesitamos al escudriñar este libro. Muy importante es señalar que el enfoque que utilicemos, ya sea Preterista, Historicista, Idealista o Futurista, dependerá del texto que deseemos tratar o analizar.

Resumen de Mensajes a las Siete Iglesias

La Iglesia de Éfeso

La Iglesia de Éfeso es la iglesia representativa de la iglesia apostólica del año 30 al 100 D.C. Esta iglesia tuvo el auge evangelístico más grande que ha tenido la iglesia. Durante estos primeros 100 años, el liderato de la iglesia estuvo en manos de judíos. Cuando el liderato pasó a manos de gentiles, entonces comenzó la corrupción, deformaciones, etc. El Apocalipsis dice que durante la gran tribulación, el mundo va a ser invadido otra vez por 144,000 evangelistas judíos.

La Iglesia de Esmirna
Iglesia perseguida 100 a 312 años D.C. Esta iglesia pasó la prueba. Cristo no le reprocha nada. El que venciere no sufrirá la segunda muerte.

La Iglesia de Pérgamo
Satanás usa otra estrategia. Esta iglesia no fue perseguida porque Satanás vio que cuando persiguió a Esmirna, la iglesia creció. Satanás atacó a esta iglesia desde su interior. Desde el año 321 hasta el 606 D.C. Pérgamo es la iglesia representativa del Estado y por tanto se corrompe al tener que aceptar prácticas idólatras y otras similares. El que venciere comerá del maná y le daré una piedrecita blanca (símbolo de absolución). En el sistema romano, al inocente se le daba una piedra blanca como prueba de su absolución. Apocalipsis dice, una piedrecita blanca con un nombre nuevo, es decir, el nombre nuevo que denota salvación.

La Iglesia de Tiatira
"Tengo contra ti que toleras a Jezabel. Al que venciere le daré autoridad sobre las naciones y le daré la estrella de la mañana".

La Iglesia de Sardís
"Los que no se han manchado andarán conmigo en vestiduras blancas. El que venciere será vestido de vestiduras blancas, y no borraré su nombre del libro de la vida".

La Iglesia de Filadelfia
"Te guardaré de la hora de la prueba que ha de venir sobre el mundo entero. Al que venciere le haré columna en el templo de mi Dios".

La Iglesia de Laodicea

"No eres frío ni caliente, te vomitaré de mi boca. Sé pues celoso y arrepiéntete".

El desarrollo o cumplimiento del mensaje profético a estas iglesias, lo podemos ver claramente en la historia de la Iglesia Cristiana.

El seno de Abraham

Los que morían salvos en el Antiguo Testamento, iban a un lugar cerca del infierno llamado "El seno de Abraham". Los que murieron salvos antes de Abraham, posiblemente iban a ese mismo lugar, que luego de la muerte de Abraham se le llamó, "El seno de Abraham". La descripción de ese lugar la encontramos en San Lucas 16:19-31, "El rico y Lázaro el mendigo".

Cuando Jesucristo murió crucificado, fue sepultado y descendió al infierno y al tercer día resucitó de entre los muertos y subió a los cielos. El Salmo 68:18 y Efesios 4:8 nos relata: *"Por lo cual dice: Subiendo a lo alto llevó cautiva la cautividad".* Esta porción de la Palabra ha sido interpretada por algunos teólogos como el momento en que nuestro Señor resucita de entre los muertos y se lleva el seno de Abraham al cielo junto con Él. Desde ese momento, todo el que ha muerto salvo, al igual que en el Antiguo Testamento, su cuerpo va a la tierra, pero su espíritu va al paraíso o tercer cielo.

Debemos tener presente que al traducir de un idioma a otro, en muchos casos se pierde un poco la esencia del significado de algunas palabras. En varias ocasiones se utiliza la palabra "alma" para referirse al cuerpo físico. En otras, "alma" se usa en lugar de espíritu y viceversa.

Algunos teólogos y estudiosos expresan que cuando el cuerpo físico muere, el alma muere también. Otros dicen que el alma también va al tercer cielo junto al espíritu. Los que dicen que el alma muere con el cuerpo físico se basan mayormente en que la Palabra nos dice que el cuerpo va al polvo de donde fue tomado y el espíritu vuelve a Dios que lo dio.

Hermanos, todo esto es muy interesante y materia de estudio para los que han sido llamados a profundizar en la escatología. Para mí, en realidad tengo que confesar que lo que me interesa es que soy salvo, y que debo cumplir con el propósito de mi llamado, dando el máximo.

Está muy claramente expresado en la Biblia que habrá un rapto. Si el Señor viene con los espíritus o con las almas de los muertos en Cristo, si almas o espíritus esperarán los cuerpos glorificados en las nubes, o si bajarán a reunirse con esos cuerpos para que resuciten glorificados, eso es bonito saberlo, pero realmente eso no cambia nada. Si es de una o de otra forma, para mí es lo mismo. Lo importante es que nuestro nombre esté escrito en el libro de la vida.

Lo que ha de venir

Luego del mensaje a las siete iglesias, Juan, a través de su visión, continúa revelándonos los eventos futuros o escatológicos que sucederán. Les señala desde los principios de dolores hasta el fin, cuando reinaremos con Jesucristo para siempre. Muchos de estos eventos ya habían sido revelados desde el libro de Génesis hasta las Epístolas. El libro de Daniel, Isaías y otros, contienen muchas de las profecías que luego nos fueron reveladas con mayor claridad en el libro de Revelaciones.

Confieso que por muchos años, al igual que muchos cristianos, no deseaba estudiar el libro de Apocalipsis debido a la forma en que hace algunos años se enseñaba. Se acostumbraba enseñar mayormente sobre los juicios, tribulaciones y todas esas cosas negativas, aterradoras como el Armagedón, el anti-cristo, la bestia, el 666, el falso profeta, el lago de fuego, etc.

Los siguientes versículos describen lo que sucederá en el rapto:

"Tampoco queremos, hermanos, que ignoréis acerca de los que duermen, para que no os entristezcáis como los otros que no tienen esperanza. Porque si creemos que Jesús murió y resucitó, así también traerá Dios con Jesús a los que durmieron en él. Por lo cual os decimos esto en palabra del Señor: que nosotros que vivimos, que habremos quedado hasta la venida del Señor, no precederemos a los que durmieron. Porque el Señor mismo con voz de mando, con voz de arcángel, y con trompeta de Dios, descenderá del cielo; y los muertos en Cristo resucitarán primero. Luego nosotros los que vivimos, los que hayamos quedado, seremos arrebatados juntamente con ellos en las nubes para recibir al Señor en el aire, y así estaremos siempre con el Señor. Por tanto, alentaos los unos a los otros con estas palabras".
1 Tesalonicenses 4:13-18

"Porque vosotros sabéis perfectamente que el día del Señor vendrá así como ladrón en la noche".
1 Tesalonicenses 5:2

Al leer estos versículos, tenemos que aceptar que nosotros, la iglesia de Cristo, no tendremos que pasar por ninguna de las cosas negativas que señalé anteriormente. Los que han muerto salvos en Cristo, sus cuerpos han ido a la tierra y sus almas o espíritus esperan el momento del rapto en el tercer cielo, es decir, en el Paraíso. En el rapto, los cuerpos de los muertos en Cristo resucitarán glorificados y se elevarán a juntarse con sus almas en los aires, donde estará nuestro Señor con las almas de los muertos salvos. Luego, los salvos que estén vivos, serán arrebatados hasta los aires también. Jesucristo se irá al paraíso con los resucitados y los que han sido arrebatados, a celebrar las bodas del cordero por siete años. Para más información, leer: 1

Tesalonicenses.4:14-17; San Mateo 25:1-13; Apocalipsis 19:7-9.

Desde el momento que suceda el rapto en la tierra, comienzan los siete años de la gran tribulación. Los primeros tres años y medio se caracterizan por la búsqueda de la paz a cualquier precio.

Al final de estos primeros tres años y medio, se exige adorar a la bestia, e Israel se niega a adorar y así comienzan los próximos tres años y medio; durante los cuales sucederán las cosas más horribles. No debemos olvidar que la Iglesia fue arrebatada y por tanto, los que queden en la tierra, ya no estarán en La Gracia. Ahora, la salvación eterna no se logrará con sólo aceptar a nuestro Señor Jesucristo. Ahora, además de aceptar a Jesucristo, son necesarias las obras, o sea que se necesitará la fe y las obras. Muchos tendrán que huir a los montes a esconderse. Otros tendrán que dejarse cortar la cabeza para poder ser salvos. Por esto es que San Mateo 10:22 y San Marcos 13:13, dice:

El que Persevere Hasta el Fin, Éste Será Salvo

"El que persevere hasta el fin, éste será salvo".
San Mateo 10:22 y 24:13, San Marcos 13:13

En ese tiempo, Dios levantará 144,000 evangelistas judíos, o sea el remanente fiel. Estos evangelistas predicarán sin importar todo lo que tendrán que sufrir. Algunos estudiosos de la Palabra dicen que los únicos que podrán ser salvos en ese tiempo, serán los que nunca habían escuchado la Palabra. Otros opinan que aunque hubiesen escuchado, si aceptan al Señor y pasan las pruebas, podrán ser salvos. En esa época, esos 144,000 evangelistas y una gran multitud de gentiles serán salvos.

"Diciendo: No hagáis daño a la tierra, ni al mar, ni a los árboles, hasta que hayamos sellado en sus frentes a los siervos de nuestro Dios. Y oí el número de los sellados: ciento cuarenta y cuatro mil sellados de todas las tribus de los hijos de Israel". Apocalipsis 7:3-4

"Después de esto miré, y he aquí, una gran multitud, la cual nadie podía contar, de todas las naciones y tribus y pueblos y lenguas, que estaban delante del trono y en la presencia del cordero, vestidos de ropas blancas y con palmas en las manos". Apocalipsis 7:9

Luego de esto, Satanás será atado por mil años y ocurrirá "La segunda venida de Cristo" y todo ojo le verá. Nosotros vendremos con Él a reinar por mil años. Este Cristo que viene en esta segunda venida, ahora viene en gloria, como Rey de Reyes y Señor de Señores. El Señor hará juicio aquí en la tierra a todos los que estuvieron durante la Gran Tribulación.

Cuando el Hijo del Hombre Venga en su Gloria

"Venid, benditos de mi Padre, heredad el reino preparado para vosotros desde la fundación del mundo". San Mateo 25:34[b]

"Apartaos de mí, malditos, al fuego eterno, preparado para el diablo y sus ángeles". San Mateo 25:41[b]

"E irán estos al castigo eterno, y los justos a la vida eterna". San Mateo 25:46

El Dr. Scofield hace el siguiente comentario en su Biblia anotada, página 996:

"Este juicio debe distinguirse del juicio del gran trono blanco. Aquí no hay resurrección; los que comparecen ante el juicio son los miembros de las naciones que en ese tiempo viven sobre la tierra; no se abre ningún libro; el juicio se efectúa al venir Cristo, y la escena es terrenal".

Demos gracias al Señor por la revelación que les fue dada al Dr. Scofield y a otros hombres de Dios. Gracias al Señor por usar estos hombres, quienes nos han bendecido a nosotros con sus revelaciones de parte de Dios.

Espero que este comentario sirva para iluminar a personas que andan buscando en la Biblia alguna cita que los condene a ellos o a alguien más. Como he comentado anteriormente sobre otras porciones de la Palabra que aparentemente señalen alguna posibilidad de perder la salvación eterna, aquí también lo haré.

Siempre que separamos un texto bíblico de su contexto, el significado o el mensaje que quiere transmitirnos se nubla, se oscurece, se tergiversa. Continúo recalcando que el que hace esto está cometiendo un grave error, que puede causar mucho daño. Los versículos que han sido citados aquí, nos guían inmediatamente a pensar en nuestra salvación eterna y en la posibilidad de perderla. Nuestro Señor no quiere que vivamos atemorizados, Él nos libró del infierno y de la muerte en la cruz del Calvario.

Desde el capítulo 24 hasta el 25 de San Mateo, nuestro Señor pronuncia "El discurso del monte de los Olivos". Desde comienzos de este discurso, Cristo empieza a referirse al fin de la era presente, es decir, habla del principio de dolores y de la gran tribulación. Lo que se lee en las tres citas bíblicas que están al principio de este tema, ocurrirá en la segunda venida de Jesucristo.

"Cuando el Hijo del hombre venga en su gloria, y todos lo santos ángeles con él, entonces se sentará en su trono de gloria". San Mateo 25:31

Creo que luego de leer la cita bíblica anterior, queda establecido de qué tiempo se está hablando en las tres citas del principio de este tema. En este tiempo, nuestro Señor juzgará a los que estuvieron en la tierra mientras que "el remanente fiel" predicaba. Les juzgará de acuerdo con su comportamiento con "este remanente fiel". Esa conducta será lo que determinará los resultados del juicio. Si te queda alguna duda de lo comentado aquí, te recomiendo leer San Mateo capítulos 24 y 25.

Al final del Milenio

"Cuando los mil años se cumplan, Satanás será suelto de su prisión". Apocalipsis 20:7

Será suelto por un poco de tiempo y engañará a algunas naciones y pelearán en la batalla junto a él. Estas naciones serán consumidas por el fuego divino. Entonces Satanás será lanzado en el lago de fuego y azufre, por los siglos de los siglos. Se efectuará el juicio del "Trono Blanco". En este juicio final, como Dios es un Dios justo, los incrédulos tendrán oportunidad de defenderse. Algunos alegarán que merecen ser salvos, como lo podemos ver en el siguiente ejemplo:

"Muchos me dirán en aquel día: Señor, Señor, ¿no profetizamos en tu nombre, y en tu nombre echamos fuera demonios, y en tu nombre hicimos muchos milagros? Y entonces les declararé: Nunca os conocí; apartaos de mí, hacedores de maldad". San Mateo 7:22-23

Hermanos, tomo una pausa para señalar el hecho de que aquí se está hablando a Ministros, y se está hablando en plural. Cuidémonos de cómo estamos ejerciendo nuestros ministerios, y cuáles son nuestras motivaciones.

Nosotros reinaremos con Cristo por toda la eternidad. Amén.

(Leer: Juan 14:1-3; Apocalipsis 21:9-22)

El Juicio de los Impíos

> *"Teniendo esperanza en Dios, la cual ellos también abrigan, de que ha de haber resurrección de los muertos, así de justos como de injustos"*. Hechos 24:15

Este pasaje nos revela que tanto los justos como los injustos serán resucitados de los muertos. Esta escritura no nos explica si esas resurrecciones van a ser simultáneas, es decir, al mismo tiempo, o si los muertos en Cristo resucitarán primero que los impíos o viceversa.

> *"No os maravilléis de esto; porque vendrá hora cuando todos los que están en los sepulcros oirán su voz; y los que hicieron lo bueno, saldrán a resurrección de vida; mas los que hicieron lo malo, a resurrección de condenación"*. San Juan 5:28-29

En este otro pasaje queda establecido que ambos, tanto los salvos como los impíos serán resucitados, pero tampoco indica el orden de esas resurrecciones.

> *"Pero cada uno en su debido orden: Cristo, las primicias; luego los que son de Cristo, en su venida"*. 1 Corintios 15:23

Esta escritura arroja un poco más de luz sobre el orden de las resurrecciones, pero todavía no está tan claro.

"Pero los otros muertos no volvieron a vivir hasta que se cumplieron mil años". Apocalipsis 20:5ª

Esta es la porción bíblica que en realidad nos deja ver claramente el orden de las resurrecciones. La resurrección de los impíos será al finalizar el milenio. Ellos comparecerán ante el "Trono Blanco", y serán juzgados de acuerdo a sus obras. Luego serán lanzados al lago de fuego.

"Y el que no se halló inscrito en el libro de la vida fue lanzado al lago de fuego". Apocalipsis 20:15

Aquí se señala, pero no se describe la resurrección corporal de los impíos, pero sea cual fuere, serán lanzados al lago de fuego.

Amigo, aceptando a Jesucristo como tu único y exclusivo Salvador, serás sellado con el Espíritu Santo y recibirás la Salvación Eterna. No esperes más; todavía estás a tiempo. Que Dios te ayude y te bendiga. Amén.

A MI VIDA

Despreciada, pobre fuisteis,
Mas sin afecto tratada,
Y muy poco valorada,
Aunque servirme quisisteis.

Mucho repudio sentisteis,
De todo un cuerpo inmundo,
Mas tu deseo fecundo,
Casi llegó a fracasar.

Mucho llegaste a amar,
Tu esmero era profundo,
Mas tuvisteis que luchar,
Con la escoria de este mundo.

Con ahínco y con fervor,
Continuaste adelante,
Sin decaer tu semblante,
Muchas veces con dolor.

Escuchaba tu clamor,
En algunas ocasiones,
Por falta de bendiciones,
Que brillaban por su ausencia.

Aún estando en decadencia,
Luchaste hasta que llegó
Del Señor la providencia,
Tu victoria se logró.

Por: Álvaro Rolón

EPÍLOGO

La Jungla Urbana

El Señor me ha enviado con su mensaje a una de las selvas más difíciles de penetrar en el mundo. Selva densa, tupida, llena de animales feroces, tribus, caníbales; donde reina la hechicería, la brujería, el odio, rencor, envidias, y todo tipo de temores. Penetrarla es como profundizar en el corazón de la maldad. En ella está el trono de Satanás, el cual gobierna junto a su gabinete de demonios. En esta selva la ley es el dominio del más fuerte sobre el más débil. Donde el calor asfixia y los endemoniados de todo tipo se pasean exhibiendo sus atuendos. Donde se respira un aire contaminado que envenena... que mata.

Por otro lado, esta selva se oculta en gigantescos edificios, magníficos templos dirigidos por muy educados doctores en la Palabra. Suntuosas mansiones rodeadas de lujosos automóviles y hermosos jardines. Carreteras asfaltadas donde no se encuentra un hoyito. Hogares cultos, donde se consumen exquisitos manjares y bebidas extravagantes. Vestimentas majestuosas, prendas de oro, plata, piedras preciosas y perfumes especiales.

También, parte de esta "jungla urbana" es el tercer mundo que existe aquí, lleno de pobreza, ignorancia, abusos, desaliento, falta de fe, desánimo, amargura; en resumen, aquí gobiernan las tinieblas en un valle de dolor. Muchos preguntarán, ¿por qué tanta pobreza, tanta escasez, tanto desánimo, en medio de la abundancia? ¿Por qué tanto enfermo donde existen las mejores clínicas y médicos? ¿Qué es lo que está pasando? ¿Quién es culpable de que todo esto acontezca?

Olvidémonos de los gobernantes, de las instituciones benéficas cívico-culturales, etc. Preguntémonos, ¿Y la iglesia de Jesucristo, qué? ¿Estará cumpliendo con su llamado?

> *"Yo soy el buen pastor; el buen pastor su vida da por las ovejas. Mas el asalariado, y que no es el pastor, de quien no son propias las ovejas, ve venir al lobo y deja las ovejas y huye, y el lobo arrebata las ovejas y las dispersa. Así el asalariado huye, porque es asalariado, y no le importan las ovejas. Yo soy el buen pastor; y conozco mis ovejas, y las mías me conocen".* San Juan 10:11-14

Muchos se preguntarán, "Bueno, ¿y qué será lo que tiene Álvaro Rolón en contra de los ministros? Si el que hace la pregunta conoce sobre el llamado a verdaderos ministerios de nuestro Señor Jesucristo, podrá entender que nuestra responsabilidad es recibir y aceptar el llamado, sea cual fuere. Nosotros no escogemos el ministerio, sino que es el Señor quien nos llama. Por ejemplo, el llamado a las misiones, es un llamado especial por el gran sacrificio que encierra su cumplimiento en términos generales. Algunos creerán que mi llamado al Evangelismo literario es algo sencillo y sin mucho sacrificio, ni complicaciones. Puedo decir que todo depende del contenido del mensaje que el Señor nos encomienda llevar. Creo que el Señor les da a algunos ministros del evangelio, un mensaje que es recibido con alegría y beneplácito. Gracias a Dios por esos mensajes.

El mensaje que el Señor me ha encomendado llevar, no es recibido con agrado por muchos ministros. Algunos ministros me han confesado privadamente, que están de acuerdo con el mensaje que predico. En forma indirecta, esos ministros me han hecho entender que se encuentran atados a gigantescas corporaciones eclesiásticas. Aunque a otros se les puede notar la molestia que sienten (creo que están siendo redargüidos), manifiestan que se han levantado en prácticas diferentes al mensaje que predico, y aunque no lo dicen verbalmente, implican que ahí permanecerán. Lo positivo de todo esto, es que se puede percibir la incomodidad o inconformidad en la expresión de sus rostros. Para mí esa incomodidad se debe a la acción del Espíritu Santo redarguyéndoles. Yo cumplo con mi encomienda de llevar el mensaje, y el Espíritu Santo será el que logre tocarles y dirigirles para que se sometan a Él. El Señor me ha ido guiando de tal manera, que a veces yo mismo no me doy cuenta de las diferentes etapas de este ministerio a través de las cuales me va pasando. Como expliqué en mi testimonio, me sentí muy inquieto, preocupado por sentir dentro de mí, no haber realizado alguna tarea en los caminos del Señor, que me hiciera sentir satisfecho. Pensé ir al campo misionero, y en ese tiempo el Señor me llamó y me dirigió al evangelismo literario. Comencé escribiendo testimonios cristianos. Escribí cientos y cientos en libros, a veces con un máximo de 100 testimonios en cada libro. El Señor me inspiró a escribirlos en una forma singular. Algunos ministros muy conocidos me preguntaban, *"Álvaro, ¿de dónde te salió a ti eso de escribir esos libros, si tú eres maestro de Ciencias Naturales?"* Contestaba que no fue mi decisión, sino el Señor quien me llamó y yo le dije, *"Heme aquí Señor".* Continué con los testimonios, pero luego, al tiempo, sin que yo me diera cuenta, comencé a escribir sobre algunos temas teológicos que se pueden catalogar como controversiales. En términos generales, algunos de los temas que el Señor me ha dado hasta ahora, son: La Mayordomía Financiera, La Salvación, Maldiciones Generacionales, Otras Maldiciones, y algunos otros temas. Doy infinitas gracias al Señor por haber depositado su confianza en mí. Por su dirección y por haberme sostenido firme, erguido, en persecuciones, en opresiones satánicas. Repito que no me quejo, pero sí dejo claro que para mí no es fácil enfrentarme a un gigante eclesiástico, fuerte y organizado, de la misma manera que David se enfrentó a Goliat con una honda y algunas piedras. Sé que cada día la lucha será más fuerte, pero he confiado en las promesas del Señor, y tengo la certeza de que Él ha estado, está, y estará conmigo en angustias, tribulaciones y persecuciones. Tengo que aceptar y dar gracias al Señor por haberme escogido, al igual que a algunos otros, para señalar la corrupción que sigue creciendo dentro de la iglesia del Señor. No es nada fácil señalar y oponerse a prácticas que uno entiende de parte del Señor, que son incorrectas y dañinas para la iglesia de Jesucristo. Algunos de estos ministros son y espero que continúen siendo mis amigos, aunque no compartamos las mismas ideas en cuanto a algunas áreas de la ministración. Sé que no es fácil para un ministro que ha incurrido en deudas millonarias y necesita suplir un presupuesto semanal de miles y miles de dólares, actuar en fe confiando que el Señor le suplirá. Si hasta este momento ese pastor y sus ayudantes han logrado llegar a donde están a base de sus esfuerzos propios con todo tipo de manipulación, sólo la intervención divina podrá apartarlos de esas prácticas. La esperanza de muchos de estos ministros hoy día radica en "los encuentros", una nueva modalidad que produce miles y miles de dólares.

Funciona de la siguiente manera. Se les ministra a los miembros de la iglesia que están llenos de demonios, y que están bajo el influjo de maldiciones generacionales. Los ministros son entrenados por otros que ya son expertos en la materia. Los ministros han visto que esta modalidad les da una gran posibilidad de crecer en membresía y financieramente. Este crecimiento se debe a la ministración manipuladora, sicológica, basada mayormente en el temor o en el pánico. Cualquier persona, y en especial si es cristiana, se sentirá temerosa y aún podría enfermarse mentalmente al creer estar poseído por demonios y estar bajo el influjo de maldiciones generacionales. En algunos casos, estos hermanos hacen lo que les sea necesario para conseguir de $80 a ciento y algo de dólares, para ir a su "encuentro". Con sus técnicas hacen creer y sentir a las personas, como con cierto tipo de hipnotismo, que están poseídas de demonios y que se encuentran bajo el influjo de maldiciones generacionales. Las personas lo sienten como los que padecen enfermedades sicosomáticas que, aunque no padecen físicamente la enfermedad, la sienten y es real para ellos. En la reunión habrá muchos hipocondríacos espirituales, que todo lo que algunos manifiestan sentir, ellos también lo sienten. Por lo que me han contado personas que han asistido al "encuentro", realizan cierta limpieza o lavado de cerebro, a través de ceremonias y diferentes técnicas. Cuando usted conversa con una persona que ha participado en uno de esos encuentros, podrá notar que ciertamente ha regresado diferente, habla como si estuviese fascinada. Es algo anormal, lo cual ellos mismos dicen que ha sido una experiencia maravillosa. Esto sucede después de haber asistido a su pre-encuentro y después a su encuentro. Algún tiempo después comienzan a enfriarse y a volver en sí, y desean volver a sentirse igual que cuando regresaron de su encuentro. Ahora es tiempo de ir a su primer post-encuentro, y así continuará, dependiendo de los encuentros y de las limpiezas, exorcismos o despojos espirituales. Para mí, este tipo de dependencia es bastante similar a la dependencia a las drogas, narcóticos y cualquier otro vicio.

Ministros, hermanos y amigos, la Palabra de Dios me dice que es necesario obedecer a Dios antes que a los hombres, y eso es lo que yo estoy dispuesto a hacer, sin importarme las consecuencias. Entiendo que no será fácil, pero seguiré hacia adelante en el nombre del Señor. Si el Señor está conmigo, ¿quién contra mí?

Que Dios les bendiga y sea con cada uno de ustedes. Amén.

DALE TU VIDA AL SEÑOR

Andas triste, estresado,
Ya no deseas vivir.
Apenas puedes fingir,
Te encuentras en mal estado.
Estás confundido, cansado,
Transido por el dolor.
Necesitas mucho amor,
Grandes cambios en tu vida,
Tu esperanza está perdida.
Dale tu vida al Señor.

Muchas cosas has tratado,
Para nada te han servido,
Todo ha pasado al olvido.
Si quieres ser restaurado,
Expresa a Dios tu clamor.
En ti pondrá su favor,
Por ti ha estado aguardando,
Y nosotros en fe, orando.
Dale tu vida al Señor.

No sigas triste, esperando,
Olvida tu rebeldía,
Pronto llegará ese día,
Tu día, muy esperado.
No estarás desconsolado,
Conocerás tu Hacedor,
Te envolverá en su calor,
Y jamás te apartarás,
Confianza y paz tendrás.
Dale tu vida al Señor.

Por: Álvaro Rolón

REGRESA A TU SALVADOR

Vives lejos, apartado,
Del camino y la verdad.
No aceptas la realidad,
De lo que te ha pasado.
Estando desconsolado,
Consumido del dolor,
Consecuencias de tu error,
Mal que te está destruyendo.
En vez de seguir sufriendo,
Regresa a tu Salvador.

Al apartarte de Dios,
Olvidaste consecuencias,
Creyendo en apariencias,
Pues te sentías precoz.
Te fuiste alejando en pos
De las cosas sin valor.
Ahora te embarga el dolor,
No continúes gimiendo,
Dios te quiere ver sonriendo.
Regresa a tu Salvador.

Si es que ya has decidido,
Continuar viviendo errante,
Detente por un instante,
Redime el tiempo perdido.
Dios no te ha echado al olvido,
Él te espera con amor.
No alimentes tu rencor,
Piensa bien en el final,
De esa, tu vida carnal.
Regresa a tu Salvador.

Por: Álvaro Rolón

BIBLIOGRAFÍA

Beasley-Murray, George R., Carson, D.A., France,R.T., Motyer, J.A., Wenham, G.J. *Nuevo Comentario Bíblico: Siglo Veintiuno*. (El Paso, TX: Casa Bautista de Publicaciones), 2000, c., 1999.

Biblia del Diario Vivir. _____ Editorial Caribe. Nashville, Tennessee.

C. I. Scofield (Reverendo) (Editor). *Biblia Anotada de Scofield*. Antigua versión de Casiodoro de Reina (1569). Revisión de 1960. Propiedad literaria de la Sociedad Bíblica Americana y la Sociedad Bíblica Británica. D.D. Editorial Publicaciones Españolas, Dalton, Georgia 30720, 1960.

C.P. Denyer. *Concordancia de las Sagradas Escrituras*. (Revisión de 1960 de la versión Reina-Valera) por. Editorial Caribe 1969. San José, Costa Rica. Impreso en España, 1972.

Erdman, Carlos R. *El Apocalipsis*. Grand Rapids, Michigan, USA, 1976.

Henry, Matthew. ____. *Comentario Bíblico*. Traducido y adaptado al castellano por Francisco Lacueva. Editorial Clie-Galvani 113-08224 Terrassa, Barcelona, España. Pág. 1998.

Walker, Williston. *Historia de la Iglesia Cristiana*. Traducida al castellano por Adam F. Sosa. Casa Nazarena de Publicaciones. Box 527, Kansas City, Missouri, 64141. E.U.A.,____ Pág. 208.

Wilton M. Nelson. (Editor). *Diccionario Ilustrado de la Biblia*. Editorial Caribe. Impreso en Barcelona, España,1974.